COLLODI · PINOCCHIOS ABENTEUER

Reclam
Bibliothek

BELLETRISTIK

Carlo Collodi

PINOCCHIOS ABENTEUER

1990

Reclam-Verlag Leipzig

Aus dem Italienischen
Übersetzung von Paula Goldschmidt
16 Illustrationen in Holzstichmanier von Rolf F. Müller

ISBN 3-379-00019-1

Originaltitel: Le avventure di Pinocchio, storia di un burattino
Text nach: Carlo Collodi, Pinocchios Abenteuer, Alfred Holz Verlag, Berlin 1966

Reclam-Bibliothek Band 131
8. Auflage
Umschlaggestaltung: Friederike Pondelik unter Verwendung einer Illustration von Rolf F. Müller
Lizenz Nr. 363. 340/81/90 · LSV 7351 · Vbg. 9,4
Printed in the German Democratic Republic
Grafischer Großbetrieb Völkerfreundschaft Dresden
Gesetzt aus Garamond-Antiqua
Bestellnummer: 6600829

3,50

Erstes Kapitel

Wie es zuging, daß Meister Kirsche, der Tischler, ein Stück Holz fand, das wie ein Kind weinen und lachen konnte

Es war einmal...
„Ein König!" werden sofort meine kleinen Leser rufen. Nein, Kinder, da habt ihr euch geirrt! Es war einmal — ein Stück Holz.
Es war gar kein besonderes Holz, sondern ein ganz gewöhnliches Stück Brennholz, wie man es im Winter in den Ofen oder in den Kamin steckt, um Feuer anzuzünden und die Stube zu heizen.
Ich weiß nicht, wie es zuging, aber Tatsache ist, daß dieses Stück Holz eines schönen Tages in die Werkstatt eines alten Tischlers geriet. Der Tischler hieß Meister Antonio, aber alle nannten ihn nur Meister Kirsche, weil seine Nasenspitze immer rot war und wie eine reife Kirsche leuchtete.
Sobald Meister Kirsche dieses Stück Holz entdeckte, wurde er ganz vergnügt. Er rieb sich vor Freude die Hände und brummelte vor sich hin:
„Dieses Holz kommt mir wie gerufen, ich werde ein Tischbein daraus machen."
Gesagt, getan. Gleich nahm er sein scharf geschliffenes Beil, um die Rinde abzuschälen und das Holz zu glätten. Aber als er eben den Arm hob und zum ersten Schlag ausholte, hielt er plötzlich wie erstarrt inne, denn er hörte ein ganz feines Stimmchen, das flehend bat:
„Schlag nicht so fest zu!"
Stellt euch vor, was für ein Gesicht der gute alte Meister Kirsche da machte! Bestürzt ließ er die Augen im Zimmer umherschweifen, um zu sehen, woher das Stimmchen wohl gekommen sein mochte; aber da war niemand! Er schaute unter die Bank: niemand! Er schaute in den Schrank, den er immer verschlossen hielt: niemand! Er schaute in dem Korb nach, in dem er die Hobelspäne und das Sägemehl aufhob: niemand; er öffnete sogar die Tür der Werkstatt, um einen Blick auf die Straße zu tun: Niemand war zu sehen. Und was nun?

„Ich merke schon", sagte er schließlich lachend und kratzte sich dabei die Perücke, „da war gar kein Stimmchen, das war nur meine Einbildung. Machen wir uns also wieder an die Arbeit."

Er nahm das Beil wieder zur Hand und hieb kräftig auf das Holz.

„Au, du hast mir weh getan!" rief jammernd dasselbe Stimmchen.

Diesmal war Meister Kirsche starr vor Schreck, die Augen fielen ihm vor Angst fast aus dem Kopf. Er stand mit offenem Mund da, die Zunge hing ihm bis ans Kinn herunter, und er sah in diesem Augenblick ganz der Fratze eines Wasserspeiers am Brunnen ähnlich.

Als er endlich die Sprache wiedergefunden hatte, stammelte er, schlotternd vor Angst:

„Aber woher kann dieses Stimmchen bloß kommen, das da eben ‚Au' gesagt hat? ... Hier ist doch keine lebende Seele. Sollte vielleicht dieses Stück Holz hier weinen und jammern können wie ein Kind? Das kann doch nicht sein! Dieses Stück Holz hier? Das ist doch nur ein Stück Brennholz, ganz gewöhnliches Brennholz; wenn man es ins Feuer wirft, kann man eine Bohnensuppe darauf kochen. Oder sollte etwa? — Ob sich wohl jemand drin versteckt hat? Wenn sich jemand drin versteckt hat, um so schlimmer für diesen Jemand: dem werde ich's jetzt aber zeigen!"

Und bei diesen Worten packte er das arme Stück Holz mit beiden Händen und schmetterte es ohne Mitleid immer wieder gegen die Wand. Dann stand er still und horchte, ob da wohl wieder ein Stimmchen jammere. Er wartete zwei Minuten, nichts; fünf Minuten, nichts; zehn Minuten, und immer noch nichts.

„Ich sehe schon", sagte er dann, zwang sich ein Lächeln ab und raufte sich die Perücke, „das Stimmchen, das ‚Au' geschrien hat, habe ich mir tatsächlich nur eingebildet. Machen wir uns wieder an die Arbeit!"

Weil er aber doch große Angst bekommen hatte, fing er an, vor sich hin zu trällern, um sich ein wenig Mut zu machen.

Er legte nun das Beil beiseite und nahm den Hobel zur Hand, um das Stück Holz glattzuhobeln; aber während er den Hobel von oben nach unten darüberführte, hörte er wieder dasselbe Stimmchen, das ihm lachend zurief:

„Hör auf! Du kitzelst mich ja am ganzen Leib!“
Diesmal stürzte der arme Meister Kirsche nieder, wie vom Blitz getroffen. Als er die Augen wieder aufschlug, merkte er, daß er auf der Erde saß.
Sein Gesicht war ganz verändert, und seine Nasenspitze, die sonst immer so schön rot leuchtete, war vor lauter Angst ganz blau angelaufen.

Zweites Kapitel

Meister Kirsche schenkt das Stück Holz seinem Freund Geppetto, der daraus eine wunderbare Marionette machen will, die tanzen, fechten und in die Luft springen kann

In diesem Augenblick klopfte jemand an die Tür.
„Nur herein!“ rief der Tischler, ohne doch die Kraft zu finden, sich wieder auf die Beine zu stellen.
Ein rüstiger kleiner Alter betrat die Werkstatt. Er hieß Geppetto; aber wenn die Kinder aus der Nachbarschaft ihn richtig in Wut versetzen wollten, riefen sie ihn bei seinem Spitznamen „Strohkopf“, wegen seiner gelben Perücke, die tatsächlich dem Maisstroh sehr ähnlich sah.
Geppetto war sehr jähzornig. Wehe, wenn man ihn „Strohkopf“ nannte! Dann geriet er vor Wut außer sich und war nicht mehr zu halten.
„Guten Tag, Meister Antonio!“ sagte Geppetto. „Was macht Ihr denn da unten auf der Erde?“
„Ich bringe den Ameisen das Rechnen bei.“
„Ich wünsche Euch viel Vergnügen!“
„Was führt Euch zu mir, Gevatter Geppetto?“
„Meine Beine! — Wißt Ihr, Meister Antonio, ich bin hergekommen, um eine Gefälligkeit von Euch zu erbitten.“
„Hier bin ich und stehe zu Diensten“, erwiderte der Tischler und richtete sich auf den Knien auf.
„Heute früh ist mir ein großartiger Einfall gekommen.“
„Laßt hören!“

„Ich habe mir überlegt, daß ich mir eine schöne Holzpuppe schnitzen könnte. Es muß eine ganz wunderbare Marionette werden, die tanzen, fechten und Luftsprünge machen kann. Mit dieser Puppe will ich in der Welt umherziehen, um mir mein Stück Brot und mein Glas Wein zu verdienen. Was haltet Ihr davon?"

„Bravo, Strohkopf!" rief das Stimmchen, von dem man nicht wußte, woher es kam.

Als Gevatter Geppetto hörte, daß man ihn „Strohkopf" nannte, wurde er vor Zorn rot wie eine Pfefferschote und rief wütend:

„Warum beleidigt Ihr mich?"

„Wer beleidigt Euch?"

„Ihr habt Strohkopf zu mir gesagt!"

„Das war ich nicht!"

„Dann werde ich es wohl gewesen sein! Ich sage Euch, Ihr wart es!"

„Nein!"

„Doch!"

„Nein!"

„Doch!"

Sie gerieten immer mehr in Hitze. Von Worten gingen sie schließlich zu Taten über. Sie packten sich bei den Haaren, sie kratzten und bissen sich und rauften sich ganz schön.

Als die Balgerei zu Ende war, hielt Meister Antonio die gelbe Perücke Geppettos in den Händen, und Geppetto merkte plötzlich, daß er die graue Perücke des Tischlers zwischen den Zähnen hatte.

„Gib mir meine Perücke wieder!" rief Meister Antonio.

„Und du gib mir meine zurück, und dann wollen wir Frieden schließen!" gab Gevatter Geppetto zur Antwort.

Nachdem so jeder der beiden Alten seine eigene Perücke wiederhatte, drückten sie sich die Hände und schwuren, ihr ganzes Leben lang gute Freunde zu bleiben.

„Nun also, Gevatter Geppetto", sagte der Tischler, zum Zeichen, daß der Friede wiederhergestellt war, „was für eine Gefälligkeit ist das, die Ihr von mir erbittet?"

„Ich hätte gern ein Stück Holz, um mir eine Holzpuppe zu schnitzen. Gebt Ihr mir eins?"

Meister Antonio wurde ganz vergnügt und ging sogleich zur Bank hinüber, um das Stück Holz zu holen, das die Ursache

so vieler Ängste für ihn gewesen war. Aber als er es eben seinem Freund überreichen wollte, versetzte ihm das Holzscheit einen heftigen Stoß, sprang jählings aus den Händen und begann, mit aller Kraft die dürren Schienbeine des armen Geppetto zu bearbeiten.

„Oh, mit so viel Liebenswürdigkeit macht Ihr Eure Geschenke, Meister Antonio? Ihr habt mich ja ganz lahm geprügelt!"

„Ich schwöre Euch, ich bin es nicht gewesen!"

„Dann werde ich es wohl gewesen sein."

„Ganz allein das Holz da hat schuld!"

„Das weiß ich selbst, daß es das Holz war, aber Ihr habt es mir an die Beine geworfen!"

„Ich habe es Euch nicht an die Beine geworfen!"

„Lügner!"

„Geppetto, beleidigt mich nicht, oder ich nenne Euch ‚Strohkopf'!"

„Esel!"

„Strohkopf!"

„Hornochse!"

„Strohkopf!"

„Gemeiner Dummkopf!"

„Strohkopf!"

Als Geppetto sich zum dritten Male Strohkopf nennen hörte, verlor er die Beherrschung und stürzte sich auf den Tischler, und dann verprügelten sie sich nach Strich und Faden.

Als die Prügelei zu Ende war, hatte Meister Antonio zwei Kratzer mehr auf der Nase und der andere zwei Knöpfe weniger an der Jacke.

Da sie auf diese Weise ihre Rechnung beglichen hatten, drückten sie sich die Hände und schwuren, ihr ganzes Leben lang gute Freunde zu bleiben.

Darauf nahm Geppetto sein braves Stück Holz unter den Arm, bedankte sich bei Meister Antonio und hinkte nach Hause.

Drittes Kapitel

Zu Hause angekommen, macht sich Geppetto sogleich daran, seine Holzpuppe zu schnitzen, und nennt sie Pinocchio. Pinocchios erste Streiche

Geppetto lebte in einem Kämmerchen zu ebener Erde, das Licht nur von einem Raum unter der Treppe erhielt. Die Einrichtung hätte nicht einfacher sein können: ein klappriger Stuhl, ein kümmerliches Bett und ein altersschwacher Tisch.
An der hinteren Wand sah man einen kleinen Ofen, in dem ein Feuer brannte, und über dem Feuer hing ein Kessel, in dem es lustig zu brodeln schien und aus dem eine Dampfwolke aufstieg, die wie eine richtige Dampfwolke aussah; so täuschend ähnlich war alles an die Wand gemalt: das Feuer, der Kessel und der Dampf.
Kaum war Geppetto wieder zu Hause, da holte er gleich sein Handwerkszeug herbei und machte sich daran, seine Holzpuppe zu schnitzen.
„Welchen Namen soll ich ihr geben?" überlegte er. „Ich werde den kleinen Kerl Pinocchio nennen. Dieser Name wird ihm Glück bringen. Ich kannte eine ganze Familie von Pinocchi, Pinocchio der Vater, Pinocchia die Mutter und Pinocchi die Kinder, und allen ging es großartig. Der Reichste von allen war ein Bettler."
Als er den Namen für seine Holzpuppe gefunden hatte, machte er sich mit Eifer an seine Arbeit. Zuerst schnitzte er die Haare, dann die Stirn und dann die Augen.
Die Augen waren schließlich fertig. Aber nun stellt euch Geppettos Bestürzung vor, als er merkte, daß die Augen sich bewegten und keinen Blick von ihm ließen.
Als Geppetto sah, daß die zwei Augen ihn ständig beobachteten, nahm er es beinahe übel und rief unwillig:
„Ihr Holzaugen, was starrt ihr mich so an?"
Niemand antwortete.
Nach den Augen machte er die Nase. Aber kaum war die Nase fertig, fing sie an zu wachsen. Sie wuchs und wuchs und wollte

gar nicht aufhören zu wachsen, und in wenigen Minuten war sie eine Riesennase geworden. Der arme Geppetto mühte sich ab, sie kürzer zu machen, aber je mehr er abschnitt und herunterschnitzelte, um so länger wurde diese unverschämte Nase.

Nach der Nase machte er den Mund.

Der Mund war noch nicht ganz fertig, da fing er schon an zu lachen und Geppetto zu necken.

„Hör auf zu lachen!" rief Geppetto verärgert. Aber er hätte genausogut zur Wand sprechen können.

„Hör auf zu lachen! Ich sag's dir noch einmal!" schrie er mit drohender Stimme.

Da hörte der Mund endlich auf zu lachen, aber er streckte ihm ganz lang die Zunge heraus.

Um seine Arbeit nicht unterbrechen zu müssen, tat Geppetto so, als sähe er es nicht, und fuhr fort mit seiner Schnitzerei.

Nach dem Mund machte er das Kinn, dann den Hals, die Schultern, den Leib, die Arme und die Hände.

Kaum waren die Hände fertig, merkte Geppetto, wie ihm die Perücke vom Kopf gezerrt wurde. Er schaute hoch, und was sah er? Er sah seine gelbe Perücke in der Hand des hölzernen Bübleins.

„Pinocchio, gib mir sofort meine Perücke wieder!"

Aber statt ihm die Perücke wiederzugeben, stülpte Pinocchio sie sich selbst über den Kopf und war halb darunter verschwunden.

Dieser Hohn und diese Unverschämtheit machten Geppetto so traurig und schwermütig, wie er sein Lebtag noch nie gewesen war, und zu Pinocchio gewandt, sagte er:

„Du Schlingel von einem Sohn, du bist noch nicht einmal ganz fertig, und schon fängst du an und läßt es deinem Vater gegenüber an Respekt fehlen. Schlimm, mein Junge, sehr schlimm!"

Und er wischte sich eine Träne ab. Nun mußte er noch die Beine und die Füße schnitzen.

Als Geppetto mit den Füßen fertig war, spürte er einen Fußtritt gegen seine Nasenspitze.

„Das habe ich verdient!" sprach er bei sich. „Ich hätte es mir früher überlegen sollen! Jetzt ist es zu spät!"

Dann faßte er die Holzpuppe unter die Arme und stellte sie auf den Fußboden, damit sie laufen lerne.

Pinocchio hatte noch ganz steife Beine und konnte sich nicht bewegen. Geppetto nahm ihn an die Hand und zeigte ihm, wie man einen Fuß vor den anderen setzt.
Als die Beine sich gelockert hatten, fing Pinocchio an, allein zu gehen und im Zimmer umherzulaufen, bis er schließlich aus der Tür schlüpfte, auf die Straße sprang und sich davonmachte.
Der arme Geppetto rannte hinterher, ohne ihn einholen zu können, weil der Schlingel von Pinocchio Sprünge machte wie ein Hase. Dabei klapperte er mit seinen hölzernen Füßen auf das Straßenpflaster, daß es einen Lärm machte wie zwanzig Paar Holzpantoffeln.
„Faßt ihn! Faßt ihn!“ keuchte Geppetto.
Aber die Leute auf der Straße, die das hölzerne Männlein wie ein Berberroß dahinjagen sahen, blieben stehen und sahen ihm begeistert nach und lachten und lachten und lachten so, daß ihr euch nicht einmal eine Vorstellung machen könnt.
Endlich tauchte zum Glück von irgendwoher ein Gendarm auf. Er hatte den Lärm und das Klappern gehört, und da er glaubte, ein Füllen sei seinem Herrn durchgegangen, so pflanzte er sich mutig mit gespreizten Beinen mitten auf der Straße auf, fest entschlossen, das Tier aufzuhalten und größeres Unglück zu verhüten.
Als Pinocchio von weitem den Gendarmen bemerkte, der die Straße versperrte, versuchte er ihm zu entkommen und wollte ihm zwischen den Beinen hindurchschlüpfen. Aber damit hatte er kein Glück.
Ohne sich dabei auch nur vom Fleck zu rühren, packte ihn der Gendarm fein säuberlich bei der Nase (es war ja eine Nase von ungewöhnlichem Ausmaß, die recht eigentlich dazu gemacht schien, daß ein Gendarm danach griff) und übergab ihn den Händen Geppettos. Der wollte ihm gleich zur Strafe die Ohren langziehen, aber stellt euch nur vor, wie ihm zumute war, als er die Ohren suchte und sie nicht finden konnte!
Und wißt ihr auch warum? Vor lauter Eifer hatte er ganz vergessen, ihm welche zu machen.
So packte er Pinocchio also im Nacken, schüttelte ihn kräftig durch, und während er ihn mit sich zerrte, drohte er:
„Jetzt gehen wir nach Hause, und verlaß dich drauf, wenn wir erst zu Hause sind, werden wir miteinander abrechnen!“
Bei dieser Androhung warf sich Pinocchio auf die Erde und wollte nicht mehr weitergehen.

Inzwischen waren immer mehr Neugierige und Müßiggänger hinzugekommen und standen in Gruppen beieinander. Der eine sagte dies, und der andere das.
„Der arme Kleine“, sagten einige, „er hat ganz recht, daß er nicht nach Hause zurück will. Wer weiß, wie ihn der grobe Kerl Geppetto durchprügeln würde!“
Und andere fügten boshaft hinzu:
„Dieser Geppetto sieht zwar aus wie ein ordentlicher Mann, aber Kindern gegenüber ist er ein richtiger Grobian. Wenn wir ihm das arme Kerlchen überlassen, ist er wohl gar imstande, Kleinholz aus ihm zu machen.“
Kurz und gut, sie redeten so lange und so viel, daß schließlich der Gendarm Pinocchio laufen ließ und den armen Geppetto ins Gefängnis abführte.
Der fand im ersten Augenblick nicht einmal Worte, um sich zu verteidigen. Er heulte wie ein Schloßhund, und auf dem Wege ins Gefängnis stammelte er schluchzend:
„Unglückseliger Pinocchio! Ich darf gar nicht daran denken, wie sehr ich mich abgemüht habe, daß eine ordentliche Marionette aus ihm wird! Aber mir geschieht ganz recht! Ich hätte es mir früher überlegen sollen!“
Was dann später geschah, das ist eine ganz unglaubliche Geschichte, und sie erzähle ich euch in den folgenden Kapiteln.

Viertes Kapitel

Die Geschichte von Pinocchio und der Grille, die sprechen konnte. Eine Geschichte, die zeigt, wie lästig es unartigen Kindern ist, auf die Ratschläge von anderen zu hören, die es besser wissen

Also Kinder, was glaubt ihr wohl, während der arme Geppetto ohne seine Schuld ins Gefängnis wanderte, machte sich der Schlingel Pinocchio, der dem Zugriff des Gendarmen glücklich entwischt war, auf die Beine und rannte quer über die Felder, um so schnell wie möglich nach Hause zu kommen. In seiner Eile sprang er über hohe Böschungen, über Dornhecken und tiefe Wassergräben, ganz wie ein Ziegenböckchen oder wie ein Häschen, hinter dem der Jäger her ist. Daheim angekommen, fand er die Tür zur Straße angelehnt. Er stieß sie auf und trat ins Zimmer.

Dann schob er eilig den großen Riegel vor, setzte sich mit Schwung auf die Erde und stieß einen tiefen Seufzer der Erleichterung aus.

Aber seine Erleichterung sollte nicht lange dauern, denn er hörte plötzlich, wie jemand im Zimmer immerzu „Kri-kri-kri" rief.

„Wer ruft mich da?" rief Pinocchio ganz verängstigt.

„Ich bin's!"

Pinocchio wandte sich um und sah eine große Grille, die ganz langsam die Wand hinaufkletterte.

„Sag mir, Grille, wer bist du denn?"

„Ich bin die Grille, die sprechen kann, und ich wohne schon seit mehr als hundert Jahren in diesem Zimmer."

„Jetzt gehört dieses Zimmer aber mir", sagte Pinocchio, „und wenn du mir einen großen Gefallen tun willst, dann mache dich schnell fort von hier, ohne dich auch nur noch einmal umzudrehen!"

„Ich gehe aber nicht eher von hier fort", entgegnete die Grille, „bis ich dir eine große Wahrheit gesagt habe."

„Dann sag sie mir, aber spute dich!"

„Wehe den Kindern, die nicht auf ihre Eltern hören wollen und aus Trotz und Übermut von zu Hause fortlaufen! Sie werden auf der Welt kein Glück haben, und früher oder später werden sie es bitter bereuen!"

„Singe du nur, Grille, singe, wenn es dir Spaß macht! Ich aber weiß jetzt schon, daß ich mich morgen früh gleich bei Tagesanbruch aus dem Staub mache; denn wenn ich hierbleibe, wird es mir nur ergehen wie allen anderen Kindern. Dann schickt man mich zur Schule, und ich muß lernen, ob ich will oder nicht; und zum Lernen habe ich, unter uns gesagt, nicht die geringste Lust. Viel lieber laufe ich hinter den Schmetterlingen her und klettere auf Bäume, um die jungen Vögelchen aus dem Nest zu holen."

„Du armer kleiner Tropf! Weißt du denn nicht, daß du dann einmal ein ganz schöner ausgewachsener Esel sein wirst, über den sich alle lustig machen?"

„Schweig endlich stille, du alte Grille, und unke nicht!" rief Pinocchio.

Doch die Grille, die Geduld und Weisheit besaß, erregte sich nicht einmal über diese Ungezogenheit, sondern fuhr im selben ruhigen Tone fort:

„Wenn du nicht gern zur Schule gehst, warum lernst du dann nicht wenigstens ein Handwerk, damit du dir ehrlich dein Brot verdienen kannst?"

„Soll ich es dir sagen?" entgegnete Pinocchio, dem allmählich die Geduld ausging. „Unter allen Handwerken in der ganzen Welt gibt es nur ein einziges, das mir wirklich gefällt."

„Und was für ein Handwerk könnte das wohl sein?"

„Gut essen, schlafen, lustig sein und mich von früh bis spät draußen herumtreiben."

„Merk dir eins", antwortete die Grille, ohne aus der Ruhe zu kommen, „alle, die dieses Handwerk betreiben, landen zum Schluß fast immer im Spital oder im Gefängnis!"

„Sieh dich vor, alte Unke! Wenn ich in Zorn gerate, dann wehe dir!"

„Armer Pinocchio, du tust mir wirklich leid!"

„Warum tue ich dir leid?"

„Weil du eine Puppe bist, und was noch schlimmer ist, weil du einen Holzkopf hast."

Als er das hörte, sprang Pinocchio voller Wut hoch, griff sich einen Holzhammer von der Wand und warf ihn nach der Grille.

Vielleicht wollte er sie gar nicht einmal treffen, aber unglückseligerweise traf er sie ausgerechnet am Kopf. Die arme Grille hatte kaum mehr die Kraft, noch einmal „Kri-kri-kri“ zu zirpen, dann fiel sie tot und steif von der Wand.

Fünftes Kapitel

Pinocchio hat Hunger und sucht ein Ei, um sich einen Eierkuchen zu backen. Aber zu guter Letzt fliegt ihm der Eierkuchen durchs Fenster davon

Unterdessen wurde es Abend. Pinocchio fiel ein, daß er noch nichts gegessen hatte, er verspürte ein sonderbares Ziehen im Magen, ein Gefühl, das mit dem Appetit sehr viel Ähnlichkeit hatte.

Nun wächst aber der Appetit bei Kindern sehr schnell an, und tatsächlich, in wenigen Minuten war aus dem Appetit Hunger geworden, und der Hunger wuchs sich im Handumdrehen zu einem richtigen Bärenhunger aus, so gewaltig, daß er nicht mehr zu bändigen war.

Der arme Pinocchio lief schnell zum Herd hinüber, wo der Kessel hing, in dem es brodelte, und wollte den Deckel aufheben, um nachzusehen, was wohl darin sei. Aber der Kessel war ja nur an die Wand gemalt! Stellt euch vor, wie dem Pinocchio da zumute war! Seine Nase, die doch schon lang genug war, wurde mindestens um vier Finger länger.

Da fing er an, im Zimmer umherzustöbern, und wühlte in allen Kisten und Kästen, in allen Ecken und Winkeln herum, auf der Suche nach einem Stückchen Brot. Er wäre schon mit einem Stückchen trockenem Brot zufrieden gewesen, mit einer Brotrinde, einem Knochen, den man für den Hund übriggelassen hatte, mit ein wenig angeschimmeltem Maiskuchen, einer Fischgräte oder einem Kirschkern, kurz mit irgend etwas, um daran herumzuknappern. Aber er fand nichts, rein gar nichts, nicht das kleinste bißchen.

Inzwischen wuchs sein Hunger, und er wuchs und wuchs immer noch, und der arme Pinocchio fand keine andere Erleichterung als zu gähnen, und er gähnte so herzhaft, daß ihm dabei der Mund zuweilen bis an die Ohren reichte. Und nachdem er gegähnt hatte, spuckte er aus und spürte, wie ihm sein Magen davonlief.

Da rief er unter Tränen und völlig verzweifelt:

„Die Grille hatte wahrhaftig recht! Es war schlecht von mir, meinem Vater nicht zu gehorchen und von zu Hause fortzulaufen. Wäre nur mein Vater hier, dann brauchte ich mich jetzt nicht zu Tode gähnen! Ach, was für eine böse Krankheit ist doch der Hunger!"

Da entdeckte er plötzlich auf dem Abfallhaufen etwas Rundes, Weißes, das ganz so aussah wie ein Hühnerei. Hinspringen und sich daraufstürzen, war eins. Es war wirklich ein Hühnerei.

Pinocchios Freude in diesem Augenblick kann man gar nicht beschreiben. Man muß sich schon in seine Lage versetzen, um sie zu verstehen. Er glaubte zu träumen und drehte das Ei in den Händen hin und her. Er befühlte es und küßte es, und während er es küßte, überlegte er:

„Und wie soll ich das Ei nun zubereiten? Soll ich mir einen Eierkuchen backen? Nein, lieber werde ich es in der Schüssel kochen. Oder schmeckt es nicht vielleicht doch besser, wenn ich es in der Pfanne brate? Oder wie wäre es, wenn ich mir ein weiches Ei kochte? Nein, am allerschnellsten geht es, wenn ich es ohne Schale einfach in einem Tiegel koche. Ich habe doch solche Lust, es aufzuessen!"

Gesagt, getan! Er stellte einen kleinen Tiegel über ein Becken voll glühender Kohlen, tat ein wenig Wasser an Stelle von Öl oder Butter in der Tiegel, und als das Wasser anfing zu dampfen, knacks, brach er die Eierschale auf und wollte das Ei ins Wasser laufen lassen.

Aber statt Eiweiß und Dotter kam ein lustiges kleines Kücken zum Vorschein, das gleich eine allerliebste Verbeugung machte und artig sagte:

„Tausend Dank, Herr Pinocchio, daß Sie mir die Mühe erspart haben, die Schale aufzubrechen! Auf Wiedersehen, leben Sie wohl und viele Grüße zu Hause!"

Sprach's, breitete seine Flügel aus, flog durch das offene Fenster davon und war verschwunden.

Der arme Pinocchio stand da wie angewurzelt, mit starren Augen und offenem Mund und mit den Eierschalen in der Hand. Als er sich vom ersten Schreck wieder erholt hatte, fing

er an zu weinen und zu schreien, trampelte aus Verzweiflung mit den Füßen auf dem Boden herum und rief unter Tränen: „Die Grille hatte doch recht! Wäre ich nicht von zu Hause fortgelaufen, und mein Vater wäre noch hier, dann müßte ich jetzt nicht Hungers sterben! Ach, was für eine böse Krankheit ist doch der Hunger!“
Da sein Magen immer noch knurrte und lauter knurrte als vorher und Pinocchio nicht wußte, wie er ihn besänftigen könnte, beschloß er, noch einmal fortzugehen und einen Sprung ins nächste Dorf zu machen. Vielleicht würde er dort eine milde Seele finden, die ihm ein Stückchen Brot schenkte.

Sechstes Kapitel

Pinocchio schläft über dem Kohlenbecken ein und erwacht am nächsten Morgen mit verbrannten Füßen

Nun war es aber eine böse Winternacht. Unheimlich grollte der Donner, und es blitzte, als hätte der Himmel Feuer gefangen. Ein eiskalter stürmischer Wind wirbelte eine ungeheuer große Staubwolke auf und pfiff und heulte, daß die Bäume draußen auf dem Lande ächzten und stöhnten.
Pinocchio hatte große Angst vor Donner und Blitz, aber sein Hunger war noch größer als seine Angst.
Er ging also zur Tür, nahm einen Anlauf und war mit ein paar hundert Sprüngen schon im Dorf, mit hängender Zunge und fliegendem Atem, wic ein Jagdhund.
Aber er fand alles dunkel und verlassen. Die Läden waren geschlossen, die Haustüren waren geschlossen, die Fenster waren geschlossen. Auf der Straße war nicht einmal ein Hund zu sehen. Das ganze Dorf schien ausgestorben.
Vor Hunger und Verzweiflung völlig außer sich, griff Pinocchio schließlich an eine Hausglocke und fing an, ununterbrochen zu läuten, weil er sich sagte:
„Irgendeiner wird sich schon blicken lassen.“
In der Tat erschien auch ein alter Mann mit einer Nachtmütze

auf dem Kopf, der ganz erbost herunterrief:
„Was willst du so spät noch?"
„Seid doch so gut und gebt mir ein Stückchen Brot!"
„Warte hier, ich komme gleich zurück", gab der Alte zur Antwort und glaubte, er hätte es mit einem der nichtsnutzigen Buben zu tun, die sich ein Vergnügen daraus machen, nachts die Hausglocken zu läuten, um die ordentlichen Leute zu ärgern, die ruhig schlafen möchten.
Nach einer halben Minute wurde oben das Fenster wieder geöffnet, und Pinocchio hörte die Stimme des Alten, der ihm zurief:
„Stell dich unter das Fenster und halte deine Mütze auf!"
Pinocchio, der noch gar keine Mütze hatte, trat näher ans Haus. Da pladderte plötzlich aus einem riesigen Wasserkrug ein kalter Regen auf ihn herunter und begoß ihn von Kopf bis Fuß, als wäre er ein welker Geranientopf.
Wie aus dem Wasser gezogen und völlig erschöpft vor Hunger und Müdigkeit kam er nach Hause zurück, und da ihn seine Beine nicht mehr trugen, setzte er sich hin und stützte seine aufgeweichten und beschmutzten Füße auf das Becken voll glühender Kohlen.
So schlief er ein. Und während er schlief, fingen seine Füße, die ja aus Holz waren, Feuer; ganz langsam verkohlten sie und wurden schließlich zu Asche.
Und Pinocchio schlief indessen weiter und schnarchte seelenruhig, so, als gehörten seine Füße einem anderen. Als es Tag wurde, erwachte er endlich, weil jemand an die Türe geklopft hatte.
„Wer ist da?" fragte er gähnend und rieb sich die Augen.
„Ich bin es!" antwortete eine Stimme. Es war die Stimme Geppettos.

Siebtes Kapitel

Geppetto kommt nach Hause und gibt Pinocchio das Frühstück, das der arme Mann für sich selbst mitgebracht hatte

Der arme Pinocchio, der noch ganz schlaftrunken war, hatte noch gar nicht bemerkt, daß seine Füße verbrannt waren. Daher sprang er von seinem Schemel hinunter, als er die Stimme seines Vaters hörte, und wollte zur Tür laufen, um den Riegel zurückzuziehen. Aber schon nach zwei, drei unsicheren Schritten schlug er der Länge nach auf den Fußboden und machte dabei einen Krach, als sei ein Sack Kochlöffel aus dem fünften Stock heruntergefallen.

„So mach mir doch auf!" rief indessen Geppetto von der Straße her.

„Ich kann doch nicht, Vater!" rief Pinocchio weinend und wand sich am Boden.

„Warum kannst du nicht?"

„Weil man mir die Füße abgefressen hat!"

„Und wer hat dir die Füße abgefressen?"

„Die Katze", sagte Pinocchio, weil er in diesem Augenblick die Katze entdeckte, die sich damit vergnügte, mit ihren Vorderpfötchen ein paar Hobelspäne hochzuwirbeln.

„Ich sage dir, öffne endlich!" wiederholte Geppetto. „Sonst werde ich dir deine Katze zeigen. Laß mich nur erst drinnen sein!"

„Ich kann mich wirklich nicht aufrecht halten, glaubt es mir doch! Ach, ich armer Junge, ich armer Junge, nun muß ich mein ganzes Leben lang auf Knien rutschen!"

Geppetto, der nichts anderes glaubte, als daß hinter dieser ganzen Jammerei nur wieder ein neuer Streich Pinocchios steckte, wollte der Sache ein Ende machen. Er kletterte an der Hauswand hoch und sprang durch das Fenster ins Zimmer.

Geppetto hatte schelten und strafen wollen, aber als er dann sah, daß Pinocchio der Länge nach auf der Erde lag und wirklich keine Füße mehr hatte, da wurde er ganz gerührt. Er nahm ihn gleich in die Arme und küßte und liebkoste ihn und überschüttete ihn mit tausend Zärtlichkeiten, und dann fragte er schluchzend, während ihm dicke Tränen über die Wangen rollten:

„Mein kleiner Pinocchio, wie hast du dir denn bloß die Füße verbrannt?"

„Ich weiß nicht, Väterchen, aber glaubt mir, es war eine fürchterliche Nacht; ich werde mein Lebtag daran denken. Die Hölle war los. Es donnerte und blitzte, und ich hatte so großen Hunger. Und dann sagte die Grille zu mir: ‚Dir geschieht ganz recht, du bist unartig gewesen, und du verdienst es nicht anders.' Und ich habe zu ihr gesagt: ‚Nimm dich in acht, Grille!' Und sie sagte zu mir: ‚Du bist eine Puppe, und du hast einen Holzkopf.' Und dann habe ich einen Holzhammer nach ihr geworfen, und sie ist gleich gestorben; aber das war ihre Schuld, denn ich wollte sie gar nicht totschlagen; ich hatte doch einen kleinen Tiegel auf die Glut im Kohlenbecken gestellt, aber das Kücken schlüpfte heraus und sagte: ‚Auf Wiedersehen und viele Grüße zu Hause!', und mein Hunger wurde immer größer, darum ist auch der Alte mit der Nachtmütze ans Fenster gekommen und hat zu mir gesagt: ‚Stell dich unter das Fenster und halte die Mütze auf', und dann hat er mir die große Schüssel voll Wasser über den Kopf gegossen. Um ein Stückchen Brot zu bitten, ist doch keine Schande, nicht wahr? Ich bin gleich nach Hause gelaufen, und weil ich doch so großen Hunger hatte, habe ich die Füße auf das Kohlenbecken gestellt, um sie zu trocknen, und dann bist du gekommen, und ich merkte, daß meine Füße verbrannt waren. Und jetzt habe ich immer noch Hunger, und Füße habe ich keine mehr, huh — huh — huh ..." Und der arme Pinocchio fing an zu weinen und heulte so laut, daß man es fünf Kilometer weit hören konnte.

Geppetto, der aus dieser ganzen verworrenen Geschichte nur eines herausgehört hatte, nämlich, daß Pinocchio glaubte, vor Hunger sterben zu müssen, zog drei Birnen aus seiner Tasche. Er reichte sie ihm und sagte:

„Diese drei Birnen sollten mein Frühstück sein, aber ich gebe sie dir gerne. Iß sie nur, und laß sie dir schmecken!"

„Wenn Ihr wollt, daß ich sie aufesse, dann schält sie mir doch bitte!"

„Schälen?" erwiderte Geppetto ganz erstaunt. „Ich hätte nie geglaubt, mein Junge, daß du so ein Leckermaul bist und so wählerisch in deinem Geschmack. Das ist schlimm! In dieser

Welt muß man sich schon als Kind daran gewöhnen, alles zu essen. Man weiß nie, was noch kommt! Möglich ist alles!"
„Ihr könnt gut reden", entgegnete Pinocchio, „aber ungeschältes Obst werde ich nie essen. Schalen mag ich nun einmal nicht!"
Und der gutherzige Geppetto zog ein Messerchen heraus, wappnete sich mit Geduld und schälte die drei Birnen. Die Schalen legte er beiseite auf die Tischkante.
Als Pinocchio mit zwei Bissen die erste Birne verspeist hatte, wollte er das Gehäuse wegwerfen, doch Geppetto hielt seinen Arm fest und sagte:
„Wirf es nicht fort! Auf dieser Welt hat man für alles noch einmal Verwendung!"
„Aber das Gehäuse kann ich doch wirklich nicht essen!" rief Pinocchio und wand sich wie ein Aal.
„Wer weiß! Möglich ist alles!" erwiderte Geppetto, ohne aus der Ruhe zu kommen. Und die drei Kerngehäuse wurden nicht zum Fenster hinausgeworfen, sondern zu den Schalen auf die Tischkante gelegt.
Als Pinocchio die drei Birnen verspeist oder, um es deutlicher zu sagen, sie verschlungen hatte, gähnte er laut und herzhaft, und dann sagte er weinerlich:
„Ich habe immer noch Hunger!"
„Ich habe aber nichts mehr, was ich dir geben könnte, mein Kind."
„Wirklich gar nichts mehr?"
„Da wären nur noch die Birnenschalen und die Kerngehäuse."
„Nun ja", meinte Pinocchio, „wenn gar nichts anderes da ist, dann muß ich eben ein Stück Schale essen."
Und er fing an zu kauen. Zuerst verzog er den Mund ein bißchen, aber dann vertilgte er im Handumdrehen alle Schalen, eine nach der anderen, und nach den Schalen verspeiste er auch noch die Kerngehäuse, und als er alles restlos aufgegessen hatte, rieb er sich zufrieden den Magen und rief ganz vergnügt:
„So, jetzt geht es mir richtig gut!"
„Siehst du wohl", bemerkte Geppetto, „wie recht ich hatte, als ich dir sagte, man dürfe nicht immer an allem herummäkeln und große Ansprüche stellen! Mein liebes Kind, auf dieser Welt kann man nie wissen, was noch kommt. Möglich ist alles!"

Geppetto schnitzt Pinocchio neue Füße und verkauft seinen Rock, um für das Geld eine Fibel anzuschaffen

Kaum hatte Pinocchio seinen Hunger gestillt, da heulte er auch schon wieder los und jammerte und wollte ein Paar neue Füße haben. Doch Geppetto wollte ihn für seinen Leichtsinn bestrafen und ließ ihn erst einen halben Tag lang jammern und weinen. Dann sagte er schließlich:
„Wozu soll ich dir eigentlich neue Füße machen? Damit du mir wieder davonläufst?"
„Ich verspreche Euch", schluchzte Pinocchio, „daß ich von heute an ganz artig sein will."
„Alle Kinder sagen das, wenn sie etwas haben wollen", entgegnete Geppetto darauf.
„Ich verspreche Euch, ich will zur Schule gehen und fleißig lernen und Ehre einlegen, ich verspreche es Euch!"
„Alle Kinder erzählen dieselbe Geschichte, wenn sie etwas haben wollen."
„Aber ich bin nicht wie die anderen Kinder! Ich bin artiger als die anderen, und ich sage immer die Wahrheit! Ich verspreche Euch, Väterchen, daß ich ein Handwerk lernen und immer für Euch sorgen will, wenn Ihr alt seid!"
Obwohl Geppetto immer noch finster blickte, standen ihm doch Tränen in den Augen, und das Herz tat ihm weh, weil er seinen armen Pinocchio in einem so bejammernswerten Zustand sah. Er erwiderte kein Wort, aber er nahm sein Handwerkszeug und zwei Stückchen abgelagertes Holz und machte sich mit Eifer an die Arbeit.
In weniger als einer Stunde waren die Füße fix und fertig; zwei schlanke Füßchen, kräftig und wohlgeformt. Ein geschickter Künstler hätte sie nicht besser machen können. Dann sagte er zu Pinocchio:
„Mach die Augen zu und schlafe!"
Und Pinocchio schloß die Augen und tat so, als ob er einschliefe. Als er glaubte, Pinocchio sei fest eingeschlafen, löste Geppetto in einer Eierschale ein wenig Tischlerleim auf und klebte ihm die beiden Füßchen an den Beinchen fest. Er leimte

sie so geschickt an, daß die Klebestelle gar nicht zu sehen war.

Als Pinocchio merkte, daß er wieder Füße hatte, da sprang er vom Tisch herunter, auf dem er gelegen hatte, und tollte in der Stube umher. Er hüpfte und tanzte, als wäre er vor lauter Freude rein närrisch geworden. „Zum Dank für alles, was Ihr für mich getan habt", sagte Pinocchio zu seinem Vater, „will ich sofort zur Schule gehen."

„Recht so, mein Junge!"

„Aber wenn ich zur Schule gehen soll, brauche ich etwas zum Anziehen."

Geppetto, der arm war und keinen Centesimo in der Tasche hatte, machte ihm also eine Art Anzug aus buntem Papier, ein Paar Schuhe aus Baumrinde und ein Mützchen aus weichem Brot.

Pinocchio lief gleich zur Wasserschüssel, um sich darin zu spiegeln, und er gefiel sich so gut, daß er stolz wie ein Pfau sagte: „Ich sehe aus wie ein richtiger Herr!"

„Wirklich", erwiderte Geppetto, „aber merke es dir wohl, nicht der schöne Anzug macht den Herrn, sondern der saubere."

„Übrigens", warf Pinocchio ein, „um zur Schule zu gehen, fehlt mir noch etwas, und zwar fehlt mir das allerwichtigste."

„Und das wäre?"

„Mir fehlt eine Fibel."

„Du hast recht, aber woher nehmen wir eine Fibel?"

„Das ist doch ganz einfach, man geht zum Buchhändler und kauft sich eine!"

„Und das Geld?"

„Ich hab' keins!"

„Ich auch nicht", sagte der gute Alte und wurde ganz traurig. Und Pinocchio wurde auch traurig, obwohl er doch sonst ein fröhlicher Junge war. Aber das ist so: Was Armut ist, wirklich große Armut, das begreifen alle, sogar die Kinder.

„Warte!" rief Geppetto plötzlich. Er stand auf, zog seinen alten Barchentrock an, der schon überall geflickt und gestopft war, und verließ eilig das Haus.

Es dauerte nicht lange, da kam er wieder zurück. In der Hand hatte er eine Fibel für Pinocchio, aber einen Rock hatte er nun nicht mehr. Der arme Mann stand in Hemdsärmeln da, und draußen schneite es.

„Wo ist denn Euer Rock, Vater?"
„Ich habe ihn verkauft."
„Warum habt Ihr ihn denn verkauft?"
„Weil es mir zu warm war."
Pinocchio aber begriff augenblicklich, was hinter dieser Antwort steckte. Sein ungestümes gutes Herz ließ sich nicht bändigen, und er sprang Geppetto an den Hals und bedeckte sein Gesicht mit Küssen.

Neuntes Kapitel

Pinocchio verkauft seine Fibel, um sich das Marionettentheater anzusehen

Als es aufgehört hatte zu schneien, machte sich Pinocchio mit seiner schönen neuen Fibel unter dem Arm auf den Weg zur Schule. Unterwegs stellte er in seinem Kopf tausend phantastische Überlegungen an und baute tausend Luftschlösser, eines immer noch schöner als das andere. Er unterhielt sich mit sich selbst und sagte:
„Heute will ich in der Schule sofort lesen lernen, morgen lerne ich das Schreiben und übermorgen rechnen. Bei meiner Geschicklichkeit werde ich dann gleich viel Geld verdienen, und von dem ersten Geld, das in meine Tasche fließt, werde ich einen schönen Tuchrock für meinen Vater kaufen. Aber was sage ich da!? Tuch? Für ihn will ich nur einen Rock ganz aus Silber und Gold und mit Brillantknöpfen. Der arme Mann hat das doch wirklich verdient! Um mir Bücher zu kaufen und mich etwas lernen zu lassen, läuft er jetzt in Hemdsärmeln herum, bei dieser Kälte! Nur Väter bringen so etwas fertig."
Als er so überlegte und ganz gerührt war, schien ihm plötzlich, als höre er in der Ferne Musik: Pfeifenklänge und Trommelschläge, „titü-titü-titü ... bum, bum, bum!"
Er blieb stehen und horchte. Die Töne kamen vom Ende einer sehr langen Querstraße her, die zu einem Dörfchen am Meeresstrand hinunterführt.
„Was mag das für Musik sein? Schade, daß ich in die Schule gehen muß, sonst...!"
Ratlos stand er da. Jedenfalls mußte jetzt ein Entschluß gefaßt

werden: Entweder in die Schule gehen oder den Pfeifern zuhören.
„Heute will ich mir die Pfeifer anhören, und morgen gehe ich dann in die Schule. In die Schule zu gehen, dazu ist immer noch Zeit“, sagte sich der Nichtsnutz schließlich und zuckte mit den Achseln.
Gesagt, getan. Er ging in die Querstraße hinein und rannte los, so schnell ihn seine Beine trugen. Er rannte und rannte, und immer deutlicher hörte er den hellen Klang der Pfeifer und die dumpfen Trommelschläge: „titü-titü-titü-bum, bum, bum ...“
Dann stand er auf einmal mitten auf einem Platz, eingepfercht in eine Menschenmenge, die sich vor einer großen Bude aus Holz und leuchtend buntbemalter Leinwand drängte.
„Was ist das für eine Bude?“ wandte sich Pinocchio an einen kleinen Jungen aus dem Dorf.
„Lies doch, was auf dem Plakat steht, dann weißt du es!“
„Ich würde es ja gerne tun, aber ausgerechnet heute kann ich nicht lesen.“
„Bravo, du Schaf! Dann werde ich es dir vorlesen. Also auf dem Plakat da mit den roten Buchstaben steht geschrieben:

GROSSES PUPPENTHEATER

„Hat die Vorstellung schon lange angefangen?“
„Sie fängt jetzt gleich an!“
„Und was kostet der Eintritt?“
„Vier Soldi.“
Pinocchio, der vor Neugier fieberte, konnte sich nicht mehr beherrschen und fragte, ohne sich im geringsten zu schämen, den kleinen Jungen:
„Könntest du mir bis morgen vier Soldi borgen?“
„Ich würde es ja gerne tun“, entgegnete der andere spöttisch, „aber ausgerechnet heute kann ich sie dir nicht geben.“
„Für vier Soldi verkaufe ich dir mein Jäckchen“, sagte Pinocchio darauf.
„Was soll ich mit einem Jäckchen aus buntem Papier? Wenn es einmal daraufregnet, kann ich es überhaupt nicht mehr ausziehen.“
„Willst du meine Schuhe kaufen?“
„Damit kann man doch nur das Feuer im Ofen anheizen!“
„Was gibst du mir für meine Mütze?“

„Das wäre wirklich ein vortrefflicher Kauf! Eine Mütze aus Brot! Da kommen vielleicht noch die Mäuse und fressen sie mir vom Kopf!"
Pinocchio brannte der Boden unter den Füßen. Er war ständig drauf und dran, ein letztes Angebot zu machen. Aber er fand einfach nicht den Mut dazu. Er zögerte, er schwankte, er litt Höllenqualen. Schließlich sagte er entschlossen:
„Willst du mir vier Soldi für diese neue Fibel hier geben?"
„Ich bin ein Junge und kaufe nichts von anderen Jungen", entgegnete der Kleine, der viel mehr Verstand besaß als Pinocchio.
„Für vier Soldi nehme ich die Fibel", mischte sich da ein Trödler ein, der das Gespräch mit angehört hatte. Und im Handumdrehen war das Buch verkauft. Wenn man bedenkt, daß zur selben Zeit zu Hause der arme Geppetto saß, in Hemdsärmeln und zitternd vor Kälte, nur weil er seinem Söhnchen diese Fibel gekauft hatte!

Zehntes Kapitel

Die Marionetten erkennen in Pinocchio ihren Bruder und bereiten ihm einen großartigen Empfang, aber im schönsten Augenblick erscheint der Puppenspieler Feuerfresser, und Pinocchio läuft Gefahr, ein böses Ende zu nehmen

Als Pinocchio das Marionettentheater betrat, geschah etwas, das eine halbe Revolution auslöste.
Nun müßt ihr wissen, daß der Vorhang schon hochgezogen war und die Vorstellung schon begonnen hatte. Auf der Bühne sah man den Harlekin und Pulcinella, die miteinander stritten und sich wie gewöhnlich jeden Augenblick eine Portion Ohrfeigen und eine Tracht Prügel anboten. Die Zuschauer, die aufmerksam zuhörten, bogen sich vor Lachen über das Wortgefecht der beiden Holzpuppen, die da oben herumgestikulier-

ten und sich mit Schimpfworten traktierten, so wahrheitsgetreu, als seien es tatsächlich lebendige kleine Geschöpfe dieser Erde.
Da unterbricht der Harlekin ganz plötzlich sein Spiel. Er wendet sich zum Publikum, zeigt mit dem Finger auf jemand, der hinten im Zuschauerraum sitzt, und ruft mit hochdramatischer Stimme:
„Ihr Götter des Himmels! Träume ich oder wache ich? Das ist doch Pinocchio, der da unten sitzt!"
„Wahrhaftig, das ist Pinocchio!" ruft Pulcinella.
„Tatsächlich, er ist es!" schreit die Dame Rosaura, die den Kopf aus den Kulissen steckt.
„Pinocchio ist da! Pinocchio ist da!" rufen im Chor alle Puppen und springen aus den Kulissen heraus auf die Bühne.
„Pinocchio ist da! Unser Bruder Pinocchio! Es lebe Pinocchio!"
„Pinocchio, komm zu mir herauf!" ruft Harlekin. „Komm und wirf dich deinen Brüdern in die Arme!"
Auf diese herzliche Aufforderung hin macht Pinocchio einen Satz. Der trägt ihn von den hinteren Bänken in die vorderste Reihe. Mit einem zweiten Satz landet er auf dem Kopf des Kapellmeisters und springt von da auf die Bühne.
Man kann sich gar nicht vorstellen, wie sie ihn umarmten und ihm um den Hals fielen, wieviel freundschaftliche Knüffe und Püffe er erhielt und mit wieviel Kopfnüssen zum Zeichen wahrer und aufrichtiger Brüderlichkeit Pinocchio in all dem wirren Durcheinander von den hölzernen Schauspielern und Schauspielerinnen dieses kleinen Puppentheaters bedacht wurde.
Es war ein wirklich rührender Anblick, das muß man schon sagen. Aber die Leute im Zuschauerraum wurden ungeduldig, als sie sahen, daß die Vorstellung nicht weiterging, und riefen:
„Wir wollen das Stück sehen! Wir wollen das Stück sehen!"
Aber sie hätten sich die Mühe sparen können. Die Puppen dachten nicht daran weiterzuspielen, und verdoppelten statt dessen den Lärm und das Geschrei. Sie hoben Pinocchio auf ihre Schultern und trugen ihn im Triumph nach vorn ins Rampenlicht.
Da trat der Puppenspieler heraus, ein riesiger Mann und so häßlich, daß man schon Angst bekam, wenn man ihn nur ansah. Er hatte einen ungeheuren Bart, so schwarz wie ein

Tintenklecks und so lang, daß er ihm vom Kinn bis zur Erde reichte und noch ein Stück länger, denn wenn der Mann ging, trat er sogar mit den Füßen darauf. Sein Mund war so groß wie ein Backofen, und seine Augen sahen aus wie zwei Laternen aus rotem Glas, in denen die Lichter brennen.
In den Händen schwang er eine große Peitsche, die aus Schlangen und ineinandergeflochtenen Fuchsschwänzen gemacht war.
Beim unerwarteten Erscheinen des Puppenspielers wagte keiner mehr zu atmen. Es war so still, man hätte eine Fliege husten hören. Die armen Marionetten, Männlein wie Weiblein, sie zitterten wie Espenlaub.
„Warum kommst du hierher und bringst Unruhe und Unordnung in mein Theater?" fragte der Puppenspieler Pinocchio, und seine heisere Stimme dröhnte wie die Stimme eines Menschenfressers, der stark erkältet ist.
„Glauben Sie mir, erlauchter Herr, es war nicht meine Schuld!"
„Genug jetzt! Heute abend werden wir miteinander abrechnen!"
Als die Vorstellung dann schließlich zu Ende gebracht war, ging der Puppenspieler in die Küche, wo er sich schon einen schönen Hammel zum Abendessen vorgerichtet hatte, den er langsam am Spieß drehte. Und weil ihm noch Holz fehlte, um ihn fertigzubraten und richtig zu bräunen, rief er Harlekin und Pulcinella herbei und befahl ihnen:
„Bringt mir die Holzpuppe her, die dort drüben am Nagel hängt! Sie scheint mir aus gutem trockenem Holz gemacht, und wenn ich sie ins Feuer werfe, werde ich sicher eine schöne große Flamme für meinen Braten haben."
Harlekin und Pulcinella zögerten erst, aber ganz verängstigt durch einen schrecklichen Blick ihres Herrn, gehorchten sie. Bald danach kamen sie in die Küche zurück und trugen in ihren Armen den unglückseligen Pinocchio, der sich hin und her wand wie ein aufs Trockene gesetzter Aal und verzweifelt schrie:
„Väterchen, rettet mich! Ich will nicht sterben! Ich will nicht sterben!"

Elftes Kapitel

Feuerfresser muß niesen und verzeiht Pinocchio, der dann seinen Freund Harlekin vom Tode errettet

Der Puppenspieler Feuerfresser (das war sein Name) sah furchterregend aus, das läßt sich nicht abstreiten, besonders mit seinem langen schwarzen Bart, der wie eine große Schürze Brust und Beine völlig bedeckte. Aber im Grunde war er doch gar kein böser Mensch. Als er nämlich sah, wie man den armen Pinocchio anschleppte, der nach allen Seiten um sich schlug und brüllte: „Ich will nicht sterben! Ich will nicht sterben!", da spürte er plötzlich, wie Rührung ihn überkam und daß er anfing, Mitleid mit dem armen Kerl zu empfinden; und nachdem er sich eine ganze Weile gegen sich selbst gewehrt hatte, gab er es schließlich auf und mußte ganz gewaltig niesen.

Bei diesem Niesen erstrahlte das Gesicht des Harlekins, der bis dahin tiefbekümmert und mit hängenden Armen wie eine Trauerweide dagestanden hatte, in heller Freude. Harlekin beugte sich zu Pinocchio hinunter und flüsterte ihm leise zu:

„Gute Nachrichten, Bruder! Der Puppenspieler hat geniest! Das ist ein Zeichen, daß er Mitleid mit dir hat. Nun bist du gerettet!"

Man muß nämlich wissen, daß Feuerfresser sich durchaus anders verhielt als alle anderen Menschen, die weinen, wenn sie mit jemandem Mitleid empfinden, oder doch wenigstens so tun, als müßten sie sich eine Träne abwischen. Er indessen hatte die schlechte Angewohnheit, zu niesen, wenn er wirklich gerührt war. Das war seine Art, sein weiches Herz zu zeigen.

Als er geniest hatte, spielte der Puppenspieler weiter den Grobian und schrie Pinocchio an:

„Hör endlich auf zu heulen! Mir ist ja schon ganz übel im Magen von deinem Gebrüll. Ich verspüre einen elenden Krampf, der beinahe, beinahe — hatschi, hatschi", und er mußte wieder niesen, diesmal zweimal.

„Gesundheit!" sagte Pinocchio.

„Danke! Dein Vater und deine Mutter leben noch?" wollte Feuerfresser wissen.

„Mein Vater, ja. Meine Mutter habe ich nie gekannt."

„Wer weiß, was für einen Kummer es deinem alten Vater bereiten würde, wenn ich dich jetzt in diese glühenden Kohlen hineinwürfe! Armer Alter! Er tut mir leid! Hatschi, hatschi, hatschi!“, wieder mußte er niesen, diesmal dreimal.
„Gesundheit!“ sagte Pinocchio.
„Danke! Übrigens bin ich auch zu bedauern, denn wie du siehst, habe ich kein Holz mehr, um mein Hammelgericht fertigzubraten, und — wahrhaftig — zu diesem Zweck wärst du mir gerade recht gewesen! Aber nun habe ich Mitleid mit dir bekommen; da ist nichts zu machen! Na, dann werde ich eben statt deiner eine von meinen Marionetten ins Feuer unter den Spieß stecken. He, Gendarmen!“
Auf diesen Befehl hin erschienen sogleich zwei sehr lange, sehr dürre Gendarmen aus Holz, den Dreispitz auf dem Kopf und den gezückten Säbel in der Hand.
Diesen befahl der Puppenspieler nun mit rauher Stimme: „Greift mir den Harlekin da, bindet ihn ordentlich und werft ihn ins Feuer! Ich will, daß mein Hammel schön braun und knusprig wird!“
Stellt euch den armen Harlekin vor! So groß war sein Schrekken, daß ihm die Beine einknickten und er mit dem Gesicht zur Erde fiel.
Bei diesem herzzerreißenden Anblick warf sich Pinocchio dem Puppenspieler zu Füßen. Er weinte bitterlich und badete mit seinen Tränen jedes einzelne Haar des ungeheuren Bartes. Mit flehender Stimme bat er:
„Erbarmen, edler Herr Feuerfresser!“
„Hier gibt es keine edlen Herren!“ erwiderte der Puppenspieler ungerührt.
„Erbarmen, Herr Baron!“
„Hier gibt es keine Barone!“
„Erbarmen, Herr Graf!“
„Hier gibt es keine Grafen!“
„Erbarmen, Exzellenz!“
Als der Puppenspieler sich Exzellenz nennen hörte, spitzte er gleich den Mund. Er wurde auf einmal viel menschlicher und zugänglicher und fragte Pinocchio:
„Nun, was willst du von mir?“
„Ich bitte Euch um Gnade für den armen Harlekin!“
„Hier kommt Gnade nicht in Frage. Wenn ich dich schon verschont habe, muß ich ihn eben ins Feuer stecken, denn ich

will meinen Hammel schön braun und knusprig haben!"
„In diesem Fall", rief Pinocchio stolz, richtete sich hoch auf und warf sein Mützchen aus Brot fort, „in diesem Fall kenne ich meine Pflicht! Vorwärts, ihr Herren Gendarmen! Bindet mich und werft mich in die Flammen dort! Nein, es wäre ungerecht, wenn der arme Harlekin, mein Freund, für mich sterben müßte!"
Diese Worte, laut und wahrhaft heldenmütig gesprochen, rührten alle Holzpuppen, die in der Küche zugegen waren, zu Tränen. Selbst die Gendarmen weinten wie zwei Milchlämmlein, obwohl sie aus Holz waren.
Feuerfresser blieb anfangs ganz kalt und unbewegt wie ein Eisklotz; aber dann taute er ganz allmählich auf und fing wieder an zu niesen. Und nachdem er vier- oder fünfmal geniest hatte, breitete er zärtlich die Arme aus und sagte zu Pinocchio:
„Du bist ein ganz prächtiger Junge! Komm her zu mir und gib mir einen Kuß!"
Pinocchio lief sogleich herbei, kletterte wie ein Eichkätzchen am Bart des Puppenspielers hoch und gab ihm einen schallenden Kuß auf die Nasenspitze.
„Dann bin ich also begnadigt?" fragte der arme Harlekin mit einem Stimmchen, so hauchleise, daß man es kaum hören konnte.
„Du bist begnadigt!" antwortete Feuerfresser. Dann seufzte er und schüttelte den Kopf. „Da ist nichts zu machen! Heute abend werde ich nun meinen Hammel halbroh essen müssen. Aber ein andermal ... wehe dem, den es dann trifft!"
Als die Puppen hörten, daß Pinocchio und Harlekin begnadigt waren, liefen sie alle auf die Bühne. Sie zündeten die Lichter und Lampen an wie zu einer Galavorstellung und hüpften und tanzten und fanden kein Ende. Der Morgen graute, und sie tanzten immer noch.

Zwölftes Kapitel

Der Puppenspieler Feuerfresser schenkt Pinocchio fünf Goldstücke, die er seinem Vater Geppetto bringen soll, Pinocchio jedoch läßt sich von der Füchsin und dem Kater betrügen und geht mit ihnen davon

Am Tag darauf nahm Feuerfresser Pinocchio beiseite und fragte ihn:
„Wie heißt dein Vater?"
„Geppetto."
„Was für ein Handwerk treibt er?"
„Er ist arm."
„Verdient er viel?"
„Er verdient gerade soviel, wie man braucht, um nie einen Centesimo in der Tasche zu haben. Stellt Euch vor, um mir eine Schulfibel zu beschaffen, mußte er den einzigen Rock verkaufen, den er am Leibe hatte, einen Rock, der mit allem seinem Geflickten und Gestopften doch nur noch ein einziger Fetzen war!"
„Armer Teufel! Fast könnte er mir leid tun! Hier hast du fünf Goldstücke. Geh sofort und bringe sie ihm und grüße ihn schön von mir!"
Pinocchio bedankte sich tausendmal bei dem Puppenspieler, wie man sich leicht denken kann. Er umarmte der Reihe nach alle Puppen des kleinen Theaters, sogar die Gendarmen, und dann machte er sich freudestrahlend auf den Weg nach Hause.
Aber er war noch nicht einen halben Kilometer weit gekommen, da begegnete er auf seinem Weg einer Füchsin, die auf einem Bein hinkte, und einem Kater, der auf beiden Augen blind war. Sie schritten miteinander dahin und halfen sich gegenseitig, wie es gute Gefährten im Unglück tun. Die Füchsin, die hinkte, stützte sich auf den Kater, und der blinde Kater ließ sich von der Füchsin führen.
„Guten Tag, Pinocchio!" sagte die Füchsin und grüßte artig.

„Woher kennst du meinen Namen?“ fragte Pinocchio.
„Ich kenne deinen Vater gut.“
„Wo hast du ihn denn gesehen?“
„Ich sah ihn gestern an seiner Haustür stehen.“
„Und was tat er?“
„Er war in Hemdsärmeln und zitterte vor Kälte.“
„Mein armes Väterchen! Aber so Gott will, wird er von heute an nicht mehr zittern!...“
„Warum?“
„Weil ich ein großer Herr geworden bin.“
„Ein großer Herr, du?“ höhnte die Füchsin und stimmte ein ausgelassenes spöttisches Gelächter an. Und auch der Kater lachte, aber damit es keiner merkte, strich er sich mit den Vorderpfoten den Schnurrbart.
„Da gibt es gar nichts zu lachen!“ rief Pinocchio aufgebracht. „Es tut mir wirklich leid, wenn ich euch den Mund wäßrig mache, aber das hier, falls ihr euch darauf versteht, sind fünf allerliebste Goldstücke.“ Und er zog die Goldmünzen hervor, die Feuerfresser ihm geschenkt hatte. Beim lockenden Klingen der Goldstücke vergaß sich die Füchsin und streckte unwillkürlich das gelähmte Bein aus, und der Kater riß beide Augen weit auf, daß sie wie zwei grüne Lichter funkelten, besann sich aber sofort und schloß sie wieder; und soviel ist sicher: Pinocchio merkte nichts.
„Und was willst du nun mit diesem Geld machen?“ wollte die Füchsin wissen.
„Zuallererst“, antwortete Pinocchio, „will ich für meinen guten Vater einen schönen neuen Rock kaufen, ganz und gar aus Gold und Silber und mit Brillantknöpfen, und dann werde ich für mich eine neue Fibel kaufen.“
„Für dich?“
„Ja, im Ernst! Ich will nämlich in die Schule gehen und tüchtig lernen.“
„Schau mich an“, sagte die Füchsin, „durch diese törichte Lust, zu lernen, habe ich ein Bein verloren!“
„Schau mich an“, sagte der Kater, „wegen dieser törichten Lust, zu lernen, habe ich das Augenlicht verloren!“
In diesem Augenblick ließ eine weise Amsel, die in der Hecke am Wegrand saß, ihr Liedchen erklingen und zwitscherte: „Pinocchio, höre nicht auf die Ratschläge schlimmer Freunde, sonst wirst du es bitter bereuen!“

Arme Amsel! Hätte sie das nie gesagt! Der Kater machte einen großen Satz, stürzte sich auf sie und verschlang sie mit Haut und Federn und allem, was an ihr war, ohne ihr auch nur die Zeit zu lassen, daß sie noch einmal Piep sagen konnte.
Als er sie aufgefressen und sich das Maul abgewischt hatte, machte er die Augen wieder fest zu und spielte den Blinden wie zuvor.
„Die arme Amsel!“ sagte Pinocchio zu dem Kater. „Warum hast du ihr nur so übel mitgespielt?“
„Es sollte ihr eine Lehre sein, damit sie das nächste Mal klüger ist und sich nicht mehr in die Unterhaltung anderer Leute einmischt.“
Sie hatten schon mehr als die Hälfte des Weges zurückgelegt, als die Füchsin plötzlich stehenblieb und Pinocchio fragte:
„Willst du noch mehr Goldmünzen haben?“
„Wie das?“
„Willst du aus fünf kümmerlichen Goldstücken hundert machen, tausend, zweitausend?“
„Und ob! Aber wie?“
„Das ist ganz einfach. Statt jetzt nach Hause zu gehen, mußt du mit uns kommen!“
„Und wohin wollt ihr mich führen?“
„Ins Land der Einfaltspinsel.“
Pinocchio überlegte einen Augenblick und sagte dann entschlossen:
„Nein, dahin will ich nicht mitkommen. Jetzt bin ich schon bald zu Hause, und ich will zu meinem Vater, der auf mich wartet. Wer weiß, wie sehr sich der alte Mann gestern gesorgt haben mag, weil ich nicht zurückgekommen bin! Ich bin ein böses Kind gewesen, das ist schlimm! Und die Grille hatte recht, als sie zu mir sagte: ‚Ungehorsame Kinder können auf der Welt kein Glück haben.‘ Ich habe es am eigenen Leibe gespürt, denn mir ist schon viel Unheil zugestoßen, und erst gestern abend im Hause von Feuerfresser war ich in Gefahr ... brrrrr! Mich überläuft eine Gänsehaut, wenn ich nur daran denke!“
„Du willst also wirklich nach Hause gehen?“ fragte die Füchsin. „Nun, dann geh nur, um so schlimmer für dich!“
„Um so schlimmer für dich!“ wiederholte der Kater.
„Überlege es dir gut, Pinocchio, denn du trittst wahrhaftig dein Glück mit Füßen!“

„Mit Füßen!“ wiederholte der Kater.
„Aus deinen fünf Goldstücken würden von heute auf morgen zweitausend!“
„Zweitausend!“ wiederholte der Kater.
„Aber wie ist es denn nur möglich, daß es so viele werden?“ fragte Pinocchio und sperrte vor Staunen Mund und Nase auf.
„Ich werde es dir sofort erklären“, sagte die Füchsin. „Du mußt nämlich wissen, daß es im Lande der Einfaltspinsel ein gesegnetes Feld gibt, das von allen Leuten das Feld der Wunder genannt wird. Auf diesem Feld gräbst du ein kleines Loch und legst zum Beispiel ein Goldstück hinein; dann deckst du das Loch mit ein wenig Erde wieder zu, begießt es mit zwei Eimern Brunnenwasser und streust eine Prise Salz darauf, und am Abend legst du dich dann in aller Ruhe ins Bett. Während der Nacht treibt dann das Goldstück und blüht, und wenn du am nächsten Morgen aufstehst und wieder auf das Feld hinausgehst, was findest du? Du findest einen schönen Baum mit so viel Goldstücken behangen, wie eine schwere Ähre im Monat Juni Körner trägt.“
„So daß ich also —“, überlegte Pinocchio und wurde immer verblüffter, „wenn ich meine fünf Goldstücke auf dem Feld vergraben würde, am nächsten Morgen dort — wieviel Goldstücke fände?“
„Das ist eine ganz einfache Rechnung“, antwortete die Füchsin, „du kannst es dir an den zehn Fingern abzählen. Nehmen wir an, jedes Goldstück bringt dir fünfhundert neue ein, nun nimm fünfhundert mal fünf, dann klingen dir also am nächsten Morgen zweitausendfünfhundert funkelnagelneue glänzende Goldstücke in der Tasche.“
„Oh, wie schön!“ rief Pinocchio und führte einen Freudentanz auf. „Wenn ich die Goldstücke erst geerntet habe, werde ich zweitausend für mich behalten, und die übrigen fünfhundert schenke ich euch beiden.“
„Uns etwas schenken!“ rief die Füchsin erzürnt und tat ganz beleidigt. „Gott bewahre!“
„Gott bewahre!“ wiederholte der Kater.
„Wir tun es schließlich und wahrhaftig nicht aus schnödem Eigennutz“, fuhr die Füchsin entrüstet fort. „Wir tun es einzig und allein, um andere reich zu machen.“
„Was für ehrliche Leute!“ dachte Pinocchio bei sich, und auf

der Stelle vergaß er seinen Vater, den neuen Rock, die Fibel und alle guten Vorsätze und sagte zu der Füchsin und dem Kater:
„Gehen wir also los! Ich komme mit!“

Dreizehntes Kapitel

Das Gasthaus „Zum Roten Krebs“

Sie wanderten und wanderten, und als es Abend wurde, erreichten sie schließlich todmüde das Gasthaus „Zum Roten Krebs“.
„Hier wollen wir eine Weile bleiben“, meinte die Füchsin, „einen Happen essen und ein paar Stunden ausruhen. Um Mitternacht brechen wir dann wieder auf und sind morgen bei Tagesanbruch auf dem Feld der Wunder.“
Sie gingen in das Gasthaus und setzten sich alle drei an den Tisch. Aber keiner von ihnen hatte rechten Appetit. Der arme Kater, der eine Magenverstimmung hatte, konnte nicht mehr essen als fünfunddreißig Seebarben in Tomatensauce und vier Portionen Kaldaunen mit Parmesankäse, und weil die Kaldaunen ihm nicht würzig genug waren, ließ er sich noch dreimal Butter und geriebenen Käse nachreichen. Die Füchsin hätte auch gerne etwas geknappert, aber weil ihr der Arzt strenge Diät verordnet hatte, so mußte sie sich mit einem zarten und kräftig gewürzten Hasenbraten zufriedengeben und nahm dazu nur eine ganz leichte Beilage aus Masthühnchen und jungem Hähnchen. Nach dem Hasen und der Beilage ließ sie sich zur Abwechslung ein kleines Ragout aus Feld- und Rebhühnern, Kaninchen, Fröschen, Eidechsen und Paradiesraupen bringen. Dann wollte sie nichts mehr. Das Essen widere sie so an, sagte sie, daß sie nichts mehr hinunterbringen könne. Wer von allen am wenigsten aß, das war Pinocchio. Er bestellte sich eine Nußschnitte und einen kleinen Brotkanten, und dann ließ er alles auf dem Teller liegen. Der arme Junge, der mit seinen Gedanken immerzu auf dem Feld der Wunder war, hatte sich schon im voraus den Magen an den Goldstücken verdorben.

Als sie mit dem Abendessen fertig waren, sagte die Füchsin zum Wirt:
„Gebt uns zwei gute Zimmer, eins für den Herrn Pinocchio und das andere für mich und meinen Freund! Bevor wir weiterziehen, wollen wir noch ein Nickerchen machen. Denkt aber daran, daß wir um Mitternacht geweckt werden wollen, um unsere Reise fortzusetzen."
„Sehr wohl, meine Herrschaften!" antwortete der Wirt und zwinkerte der Füchsin und dem Kater zu, was soviel heißen wollte wie:
„Ich weiß schon, woher der Wind weht! Wir verstehen uns!"
Pinocchio lag kaum im Bett, da war er auch schon fest eingeschlafen und fing an zu träumen. Im Traum stand er mitten auf einem Feld, und auf dem Feld wuchsen lauter Bäumchen, die über und über mit Trauben behangen waren, und die Trauben waren schwer von Goldstücken. Die schaukelten im Wind hin und her und machten „Klinglingling", fast als wollten sie sagen: „Wer uns haben will, soll uns holen kommen!" Doch als in Pinocchios Traum gerade der allerschönste Augenblick gekommen war, als er nämlich eben die Hand ausstreckte, um soviel wie möglich von den blanken Goldstücken einzusammeln und seine Taschen damit vollzupfropfen, da schreckte er plötzlich aus dem Schlaf auf, weil drei laute, heftige Schläge an seine Zimmertür dröhnten.
Es war der Wirt, der heraufgekommen war, um ihm zu sagen, daß es Mitternacht geschlagen hatte.
„Sind meine Freunde schon fertig?" fragte Pinocchio ihn.
„Und ob die fertig sind! Sie sind schon vor zwei Stunden fortgegangen."
„Warum denn nur diese Eile?"
„Weil der Kater Nachricht erhalten hat, daß sein ältestes Kätzchen Frostbeulen an den Füßen hat und in Lebensgefahr schwebt."
„Das Abendessen haben sie wohl bezahlt?"
„Wo denkt Ihr hin! Diese beiden sind viel zu gut erzogen, um Euer Wohlgeboren eine solche Kränkung anzutun!"
„Schade! Diese Kränkung wäre mir sehr lieb gewesen!" sagte Pinocchio und kratzte sich den Kopf. Dann fragte er:
„Und haben diese lieben Freunde etwas davon gesagt, wann und wo sie mich erwarten?"

„Auf dem Feld der Wunder, frühmorgens, bei Tagesanbruch."
Pinocchio zahlte ein Goldstück für sein Abendessen und das seiner Reisegefährten und ging davon. Aber man kann wohl sagen, daß es mehr ein Vorwärtstasten als ein Gehen war, denn außerhalb des Gasthauses war es so stockfinster, daß man nicht die Hand vor den Augen sehen konnte. Ringsherum bewegte sich kein Blatt. Nur ein paar Nachtvögel, die von einer Hecke zur anderen über den Weg flogen, streiften mit ihren Flügeln Pinocchios Gesicht, der vor lauter Angst jedesmal einen Sprung zurück machte und aufschrie:
„Wer ist da?"
Und die Hügel ringsum gaben aus der Ferne das Echo zurück:
„Wer da? Wer da? Wer da?"
Während er so dahinging, entdeckte er plötzlich auf einem Baumstumpf ein kleines Wesen. Das schimmerte mit einem bleichen und trüben Schein wie ein kleines Nachtlicht, das in einer durchsichtigen Porzellanlampe brennt.
„Wer bist du?" fragte Pinocchio.
„Ich bin der Schatten der Grille", antwortete das kleine Wesen mit einem Stimmchen, so leise, als käme es aus einer anderen Welt.
„Was willst du von mir?"
„Ich will dir einen Rat geben. Kehre um und trage die vier Goldstücke, die dir noch geblieben sind, zu deinem armen Vater! Der weint und ist ganz verzweifelt, weil du nicht wieder zurückgekommen bist."
„Morgen ist mein Vater ein großer Herr, denn aus diesen vier Goldstücken sind dann zweitausend geworden."
„Trau denen nicht, mein Junge, die dir versprechen, dich von heute auf morgen reich zu machen! Das sind gewöhnlich Narren oder Betrüger. Höre auf mich und kehre um!"
„Ich will aber weitergehen!"
„Es ist schon spät!"
„Ich will weitergehen!"
„Die Nacht ist finster!"
„Ich will weitergehen!"
„Der Weg ist gefährlich!"
„Ich will weitergehen!"
„Denke daran, daß Kinder, die nur ihren eigenen Kopf durch-

setzen wollen, es früher oder später bereuen!"
„Das alte Lied! Gute Nacht, Grille!"
„Gute Nacht, Pinocchio! Und der Himmel beschütze dich vor dem Nachttau und den Straßenräubern!"
Kaum waren diese letzten Worte gesagt, da verlosch die Grille plötzlich, als hätte man ein Licht ausgeblasen, und auf der Straße war es dunkler als zuvor.

Vierzehntes Kapitel

Pinocchio fällt unter die Räuber, weil er den guten Rat der Grille nicht befolgt hat

„Wahrhaftig", dachte Pinocchio bei sich, als er seinen Weg fortsetzte, „wir armen Kinder sind doch wirklich übel dran. Alle schelten uns, alle ermahnen uns, alle geben sie uns gute Ratschläge. Wenn man sie reden ließe, würden sie sich alle in den Kopf setzen, unsere Väter und unsere Lehrer zu sein, alle, sogar die Grillen. Da sieht man's ja wieder! Weil ich auf diese unausstehliche Grille nicht hören wollte, soll mir jetzt, wenn es nach ihr ginge, wer weiß wieviel Unglück zustoßen! Ich soll sogar unter die Räuber fallen! Nur gut, daß ich nicht an Räuber glaube, ich habe nie daran geglaubt. Ich bin sicher, daß die Räuber von den Vätern eigens dazu erfunden wurden, um den Kindern, die nachts gern draußen herumlaufen möchten, Angst zu machen. Und dann, selbst wenn ich ihnen hier auf dem Weg begegnen sollte, würde mir das vielleicht viel ausmachen? Nicht im Traum! Ich würde ihnen ins Gesicht springen und sie anschreien: ‚Meine Herren Räuber, was wollen Sie von mir? Bedenken Sie gefälligst, daß man sich mit mir keine Scherze erlauben kann! Kümmern Sie sich also um Ihre eigenen Angelegenheiten, und nun kein Wort mehr!' Auf eine so ernsthafte Aufforderung hin werden diese elenden Räuber — ich sehe sie förmlich vor mir — mit Windeseile davonlaufen. Gesetzt den Fall aber, sie wären so unhöflich und wollten nicht davonlaufen, nun, dann laufe ich eben davon, und so würde ich Schluß machen mit..."

Aber Pinocchio konnte seine Überlegungen nicht zu Ende führen, denn eben in diesem Augenblick war es ihm, als höre er hinter sich ganz leises Blätterrascheln. Er drehte sich um, weil er nachsehen wollte, was das sein könnte, und da erblickte er im Dunkeln zwei unheimliche schwarze Gestalten, die sich ganz in Kohlensäcke eingemummelt hatten und auf leisen Sohlen hinter ihm hersprangen wie Gespenster.
„Da sind sie tatsächlich!" sprach Pinocchio bei sich, und da er nicht wußte, wohin mit den vier Goldstücken, schob er sie in den Mund, genau unter die Zunge.
Dann versuchte er fortzulaufen. Aber er hatte noch nicht den ersten Schritt getan, da fühlte er sich an den Armen gepackt und hörte zwei fürchterliche hohle Stimmen rufen:
„Geld oder Leben!"
Da Pinocchio mit Worten nicht erwidern konnte, weil er die Goldstücke im Mund hatte, machte er tausend Verbeugungen und versuchte, den beiden Vermummten, von denen man durch die zwei Schlitze in den Säcken nur die Augen sehen konnte, durch Gebärden begreiflich zu machen, daß er nur eine arme Holzpuppe sei und nicht einmal einen falschen Groschen in der Tasche habe.
„Los! Los! Hör auf mit den Mätzchen und heraus mit dem Geld!" riefen drohend die beiden Räuber.
Pinocchio machte mit Kopf und Händen Zeichen, wie um zu sagen:
„Ich habe nichts!"
„Gib das Geld heraus, oder du bist des Todes!" sagte der größere Räuber.
„Des Todes!" wiederholte der andere.
„Und wenn wir dich umgebracht haben, bringen wir auch deinen Vater um!"
„Auch deinen Vater!"
„Nein, nein, nein, meinen armen Vater nicht!" rief Pinocchio ganz verzweifelt. Aber während er das rief, klingelten die Goldstücke in seinem Mund.
„Ah! Du Gauner! Du hast also das Geld unter der Zunge versteckt! Spucke es sofort aus!"
Pinocchio blieb fest.
„Ah, du spielst den Tauben! Warte nur, wir wissen schon, wie wir dir das Spucken beibringen!"
Tatsächlich griff einer von ihnen Pinocchio bei der Na-

senspitze, und der andere packte ihn beim Kinn, und dann zerrten sie roh und grob, der eine nach oben, der andere nach unten, um ihn zu zwingen, den Mund aufzusperren.
Aber es half ihnen nichts. Pinocchios Mund schien wie vernagelt und vernietet.
Nun zog der kleinere Räuber ein riesiges Messer heraus und versuchte, es ihm zwischen die Zähne zu schieben, um es als eine Art Hebel oder Meißel zu gebrauchen.
Doch Pinocchio packte blitzschnell die Hand des Räubers mit den Zähnen, biß sie glatt ab und spuckte sie aus. Und nun stellt euch seine Verwunderung vor, als er merkte, daß er statt einer Hand eine Katzenpfote auf die Erde gespuckt hatte.
Ermutigt durch diesen ersten Sieg, befreite sich Pinocchio gewaltsam aus den Krallen der Räuber und suchte sein Heil in der Flucht. Er sprang über die Hecke an der Straße und rannte querfeldein, und die Räuber immer hinter ihm her wie zwei Hunde hinter einem Hasen. Und der, der eine Pfote verloren hatte, lief auf drei Beinen, und nie hat man erfahren, wie er das wohl angestellt hat. Nach einer Jagd von fünfzehn Kilometern konnte Pinocchio nicht mehr weiter.
Da er sich verloren glaubte, kletterte er den Stamm einer riesigen Pinie hinauf und setzte sich in die Zweige hoch oben im Wipfel. Die Räuber versuchten auch hinaufzuklettern, aber auf halber Höhe des Stammes rutschten sie ab, fielen zu Boden und schrammten sich dabei Hände und Füße wund.
Doch gaben sie sich deshalb noch nicht geschlagen, sondern trugen trockenes Holz zusammen, schichteten es zu Bündeln am Fuß des Baumes auf und zündeten es an. Im Nu fing die Pinie Feuer und loderte auf wie eine Kerze, deren Flamme der Wind bewegt.
Pinocchio sah die Flammen immer höher steigen, und da er nicht als gebratene Taube enden wollte, tat er einen gewaltigen Satz aus seinem Wipfel hinunter und rannte wieder los, quer über die Felder und durch die Weingärten.
Und die Räuber wieder hinterher, immer hinterher, ohne auch nur einmal müde zu werden. Unterdessen dämmerte langsam der Tag herauf, und sie rannten immer noch hintereinander her. Da fand Pinocchio plötzlich den Weg durch einen breiten und sehr tiefen Graben versperrt, der bis oben hin mit schmutzigem, kaffeebraunem Wasser angefüllt war. Was tun?

„Eins, zwei, drei!" rief Pinocchio, nahm einen gewaltigen Anlauf und sprang auf das andere Ufer.
Auch die Räuber sprangen, aber da sie die Entfernung nicht richtig eingeschätzt hatten, landeten sie, plumps, mitten im Graben. Pinocchio hörte, wie es plumpste und wie das Wasser aufspritzte, und schrie lachend im Weiterlaufen:
„Angenehmes Bad, meine Herren Räuber!"
Schon glaubte er, sie seien ertrunken und mausetot, aber als er einmal zurückblickte, sah er, daß sie alle beide schon wieder hinter ihm her liefen, immer noch in ihre Säcke eingehüllt und von Wasser triefend wie zwei Fässer ohne Boden.

Fünfzehntes Kapitel

Die Räuber verfolgen Pinocchio, und nachdem sie ihn eingeholt haben, hängen sie ihn an einen Ast der „Großen Eiche"

Da verlor Pinocchio allen Mut. Er war so erschöpft, daß er sich schon auf die Erde werfen und sich geschlagen geben wollte. Plötzlich sah er, als er die Augen umherwandern ließ, mitten im dunklen Grün der Bäume in der Ferne ein schneeweißes Häuschen schimmern.
„Wenn ich noch so viel Kraft hätte, bis zu jenem Haus zu kommen, wäre ich vielleicht gerettet!" sprach er bei sich.
Und ohne auch nur eine Minute zu zögern, lief er wieder los. Er rannte, was die Beine hergaben, quer durch den Wald. Und die Räuber immer hinter ihm her.
Nach einem verzweifelten Lauf von fast zwei Stunden stand er schließlich atemlos und keuchend an der Tür des Häuschens und klopfte.
Niemand antwortete.
Er klopfte wieder, diesmal stärker, denn er konnte schon den schweren, keuchenden Atem seiner Verfolger hören und das Geräusch ihrer Schritte, die immer näher kamen.
Alles still.
Als er merkte, daß das Klopfen ihm nicht weiterhalf, fing er

aus Verzweiflung an, die Tür mit Kopf und Füßen zu bearbeiten.
Da zeigte sich am Fenster ein schönes Mädchen. Es hatte blaues Haar und ein Gesicht so weiß wie Wachs, die Augen hielt es geschlossen und die Hände über der Brust gefaltet. Ohne die Lippen zu bewegen, sagte das Mädchen mit einer Stimme, die aus einer anderen Welt zu kommen schien:
„In diesem Haus wohnt niemand. Alle sind tot."
„Mach du mir wenigstens auf!" flehte Pinocchio unter Tränen.
„Auch ich bin tot."
„Tot? Was machst du denn da am Fenster?"
„Ich warte auf die Totenbahre, die mich fortbringen soll."
Nach diesen Worten verschwand das Mädchen, und lautlos schloß sich das Fenster wieder.
„Oh, schönes Mädchen mit dem blauen Haar", rief Pinocchio, „öffne mir doch, ich bitte dich! Hab doch Mitleid mit einem armen Jungen, der von Räubern verf...!" Er konnte das Wort nicht mehr zu Ende sprechen, denn er fühlte, wie er am Kragen gepackt wurde, und zwei schreckliche Stimmen, die er so gut kannte, schrien ihm drohend zu:
„Jetzt entkommst du uns nicht mehr!"
Pinocchio, als er den sicheren Tod vor Augen sah, zitterte so heftig, daß die vier Goldstücke, die er unter der Zunge versteckt hielt, und die Gelenke seiner hölzernen Beine zu klappern anfingen.
„Also", fragten die Räuber, „willst du jetzt den Mund aufmachen? Ah! Du antwortest nicht? Warte nur, diesmal werden wir ihn dir schon öffnen!"
Sie zückten zwei riesige Messer, scharf geschliffen wie Rasierklingen, und versetzten ihm — zack — zack — zwei Stiche in den Rücken.
Aber Pinocchio war zu seinem Glück aus sehr hartem Holz geschnitzt, daher zerbrachen die Klingen in tausend Splitter, und die Räuber hatten nur noch den Messergriff in der Hand und machten dumme Gesichter.
„Halt, ich weiß!" rief schließlich einer der Räuber. „Aufhängen muß man ihn! Hängen wir ihn auf!"
„Hängen wir ihn auf!" wiederholte der andere.
Gesagt, getan. Sie banden ihm die Hände auf den Rücken, warfen ihm eine Schlinge um den Hals, hängten ihn an den

Ast einer mächtigen Eiche, die die „Große Eiche" genannt wurde, und ließen ihn zappeln.
Dann hockten sie sich unter den Baum ins Gras und warteten darauf, daß er ausgezappelt hätte. Aber nach drei langen Stunden hatte Pinocchio immer noch die Augen auf und den Mund fest zugekniffen und zappelte mehr denn je.
Da hatten sie endlich das Warten satt. Sie drehten sich nach Pinocchio um und riefen ihm, aus vollem Halse lachend, zu:
„Auf Wiedersehen bis morgen! Hoffentlich hast du noch so viel Anstand, daß du mausetot bist und den Mund sperrangelweit offen hast, wenn wir morgen wieder hierher zurückkommen!"
Und sie machten sich auf und davon.
Inzwischen war ein stürmischer Nordwind aufgekommen, der tobte und heulte voller Wut und schleuderte den armen Gehenkten hierhin und dorthin und schwang ihn kräftig hin und her, als wäre er der Klöppel einer großen Glocke, die den Feiertag einläutet. Dies unausgesetzte Schütteln bereitete dem armen Pinocchio gräßliche Qualen; die Schlinge, die sich immer fester um seinen Hals zog, nahm ihm den Atem.
Allmählich wurden seine Augen trübe, und obwohl er den Tod

herannahen fühlte, hoffte er doch immer noch, daß jeden Augenblick eine mitleidige Seele vorüberkäme und ihm Hilfe brächte.

Er wartete und wartete, aber als er sah, daß niemand sich blicken ließ, gar niemand, da mußte er an seinen armen Vater denken, und dem Tode schon ganz nah, flüsterte er stammelnd:

„Ach, lieber Vater, wärest du doch hier!"

Mehr zu sagen hatte er nicht mehr die Kraft. Er schloß die Augen, öffnete den Mund und streckte die Beine. Ein heftiges Zucken ging durch alle seine Glieder. Dann hing er da, steif und starr.

Sechzehntes Kapitel

Das schöne Mädchen mit dem blauen Haar läßt Pinocchio aus seiner Schlinge befreien, bringt ihn zu Bett und ruft drei Ärzte herbei, um zu erfahren, ob er tot oder lebendig sei

In diesem Augenblick, als der arme Pinocchio, den die Räuber an einem Ast der „Großen Eiche" aufgeknüpft hatten, schon mehr tot als lebendig war, da erschien das schöne Mädchen mit dem blauen Haar wieder am Fenster. Als es den unglückseligen Pinocchio erblickte, der an seiner Schnur baumelte und mit dem Nordwind tanzte, fühlte es tiefes Mitleid und klatschte dreimal in die Hände.

Auf dieses Zeichen hin hörte man das laute Rauschen starker Vogelschwingen, und ein großer Falke schoß heran und ließ sich ungestüm auf das Fensterbrett nieder.

„Was befehlt Ihr, reizende Fee?" sprach der Falke und senkte in Ehrerbietung den Schnabel. Ihr müßt nämlich wissen, daß das Mädchen mit dem blauen Haar niemand anderes war als eine gute Fee, die seit mehr als tausend Jahren dort am Walde wohnte.

„Siehst du da drüben die Holzpuppe an einem Ast der ‚Großen Eiche' hängen?"

„Ich sehe sie!“
„Gut. Fliege sofort hinüber, zerreiße mit deinem starken Schnabel die Schlinge, in der sie hängt, und lege sie am Fuß der Eiche behutsam ins Gras!“
Der Falke flog davon. Nach zwei Minuten kam er zurück und sprach:
„Was Ihr mir aufgetragen habt, ist getan.“
„Und wie hast du sie gefunden? Lebend oder tot?“
„Auf den ersten Blick schien sie tot, doch kann sie wohl noch nicht ganz tot sein, denn kaum hatte ich die Schlinge gelöst, die ihr den Hals zudrückte, da seufzte sie tief auf und flüsterte: ‚Jetzt ist mir besser!‘“
Da klatschte die Fee zweimal in die Hände, und es erschien ein prächtiger Pudel, der auf seinen Hinterbeinen daherging, ganz aufrecht, wie ein Mensch. Der Pudel war gekleidet wie ein Kutscher in Galalivree. Auf dem Kopf hatte er einen kleinen goldbetreßten Dreispitz und eine weiße Perücke, deren Locken ihm bis auf den Hals hinunterreichten. Er trug einen schokoladenfarbenen Rock mit Brillantknöpfen und zwei großen aufgesetzten Taschen, um darin die Knochen aufzuheben, die ihm seine Herrin bei Tisch schenkte, dazu kurze Hosen aus karmesinrotem Samt, Seidenstrümpfe, ausgeschnittene Schühchen und hinten eine Art Schirmfutteral aus blauem Atlas, um seinen Schwanz hineinzustecken, wenn es anfing zu regnen.
„Mut jetzt! Medoro!“ sagte die Fee zu dem Pudel. „Laß sogleich die schönste Kutsche aus meinem Stall anspannen und fahre zum Walde! Wenn du angekommen bist, wirst du unter der ‚Großen Eiche‘ im Gras ausgestreckt eine arme halbtote Holzpuppe finden. Hebe sie behutsam auf, lege sie sorgfältig auf die Kissen in der Kutsche und bringe sie her zu mir. Hast du mich verstanden?“
Zum Zeichen, daß er verstanden habe, wedelte der Pudel vier- oder fünfmal mit seinem Futteral aus blauem Atlas und schoß dann wie ein Pfeil davon.
Es währte nicht lange, da sah man schon aus dem Stall eine schöne, lichtblaue kleine Kutsche herausfahren. Sie war ganz mit Federn von Kanarienvögeln gepolstert und innen mit Schlagsahne und Krem mit Butterkeks ausgeschlagen. Die Kutsche wurde von hundert Gespannen weißer Mäuse gezogen. Auf dem Bock saß der Pudel und knallte mit der

Peitsche nach rechts und links wie ein Fiakerkutscher, wenn er Angst hat, zu spät zu kommen.
Noch keine Viertelstunde war vergangen, als die kleine Kutsche schon wieder zurückkam. Die Fee, die vor der Haustür gewartet hatte, nahm den armen Pinocchio in die Arme und trug ihn hinauf in ein kleines Zimmer, dessen Wände aus Perlmutter waren.
Dann ließ sie sogleich die berühmtesten Ärzte aus der Umgegend herbeirufen. Die Ärzte kamen auch sofort, einer nach dem anderen. Es erschienen ein Rabe, eine Eule und eine Grille.
„Ich möchte von Ihnen erfahren, meine Herren", sprach die Fee und wandte sich an die drei Ärzte, die um Pinocchios Bett versammelt waren, „ich möchte von Ihnen erfahren, ob diese unglückselige Holzpuppe tot ist oder ob sie noch lebt."
Darauf trat als erster der Rabe vor, befühlte Pinocchio den Puls, die Nase und die kleine Zehe, und als er alles ganz genau befühlt hatte, sprach er feierlich:
„Nach meinem Dafürhalten ist die Holzpuppe mausetot, sollte sie aber unglücklicherweise nicht tot sein, dann wäre das ein sicheres Zeichen, daß sie noch lebt."
„Es tut mir leid", sagte die Eule, „daß ich dem Raben, meinem erlauchten Freund und Kollegen, widersprechen muß, doch bin ich der Meinung, daß die Holzpuppe noch lebt. Sollte sie aber unglücklicherweise nicht mehr leben, so wäre das ein sicheres Zeichen, daß sie tot ist."
„Und Sie sagen gar nichts?" wandte sich die Fee an die Grille.
„Ich sage: Wenn ein kluger Arzt nicht weiß, was er sagen soll, dann ist Schweigen das beste, was er tun kann. Übrigens sehe ich diese Puppe da heute nicht zum ersten Male; ich kenne sie schon eine ganze Weile!"
Pinocchio, der bis dahin unbeweglich dagelegen hatte wie ein Stück Holz, wurde von einem krampfartigen Zittern so geschüttelt, daß das ganze Bett wackelte.
„Diese Puppe", fuhr die Grille fort, „ist ein ausgemachter Nichtsnutz..."
Pinocchio öffnete die Augen und schloß sie sogleich wieder.
„... ist ein arger Schelm, ein Faulpelz, ein Herumtreiber..."
Pinocchio versteckte das Gesicht unter dem Bettuch.
„Dieser Nichtsnutz ist ein ganz ungehorsamer Junge, der

seinem Vater nur Herzeleid zufügt und ihn noch ins Grab bringen wird.“
Da hörte man plötzlich im Zimmer unterdrücktes Weinen und Schluchzen. Stellt euch vor, wie fassungslos sie alle dastanden, als sie die Bettücher lüfteten und merkten, daß es Pinocchio war, der so weinte und schluchzte.
„Wenn ein Toter weint, ist das ein Zeichen, daß er auf dem Wege der Besserung ist“, sagte feierlich der Rabe.
„Es tut mir leid, meinem erlauchten Freund und Kollegen widersprechen zu müssen“, warf die Eule ein, „aber ich glaube, wenn ein Toter weint, ist das ein Zeichen, daß er keine Lust hat zu sterben.“

Siebzehntes Kapitel

Pinocchio ißt den Zucker, will aber seine Medizin nicht einnehmen. Schließlich schluckt er sie doch, als er die Totengräber sieht, die ihn forttragen wollen. Er lügt, und zur Strafe wird seine Nase immer länger

Kaum hatten die drei Ärzte das Zimmer verlassen, da trat die Fee zu Pinocchio. Sie legte die Hand auf seine Stirn und merkte, daß ihn ein unwahrscheinlich hitziges Fieber quälte. Sie löste ein weißes Pülverchen in einem halben Glas Wasser auf, reichte es Pinocchio und sagte liebevoll:
„Trinke das, und in ein paar Tagen bist du wieder gesund!“
Pinocchio betrachtete das Glas, verzog den Mund und fragte mit kläglicher Stimme:
„Ist es süß oder bitter?“
„Bitter, aber es wird dir guttun.“
„Wenn es bitter ist, will ich es nicht!“
„Höre auf mich und trinke!“
„Ich mag das Bittere nicht!“
„Trinke, und wenn du es getrunken hast, gebe ich dir zur

Belohnung ein Stückchen Zucker, dann hast du keinen bitteren Geschmack mehr im Mund."

„Wo ist das Stückchen Zucker?"

„Hier ist es", sagte die Fee und nahm es aus einer goldenen Zuckerdose.

„Zuerst will ich den Zucker haben, dann trinke ich auch das scheußliche bittere Zeug..."

„Versprichst du es mir?"

„Ja."

Die Fee gab ihm das Stück Zucker. Pinocchio knapperte es auf und hatte es im Nu verschluckt; dann leckte er sich die Lippen und meinte:

„Wie schön, wenn doch Zucker auch Medizin wäre! Die würde ich alle Tage nehmen."

„Jetzt halte auch dein Versprechen und trinke die paar Tropfen Wasser, die dich wieder kerngesund machen!"

Pinocchio nahm widerwillig das Glas in die Hand und steckte die Nase hinein. Dann führte er es zum Mund, dann steckte er wieder die Nase hinein, und schließlich sagte er:

„Es ist zu bitter! Viel zu bitter! Ich kann es nicht trinken!"

„Wie kannst du das sagen? Du hast es ja gar nicht versucht!"

„Aber ich kann es mir denken! Ich merke es am Geruch. Erst will ich noch ein Stück Zucker haben, und dann trinke ich es."

Die Fee steckte ihm mit der Geduld einer guten Mutter noch ein Stück Zucker in den Mund und reichte ihm dann wieder das Glas hin.

„So kann ich das nicht trinken!" rief Pinocchio und verzog sein Gesicht zu einer schrecklichen Grimasse.

„Warum nicht?"

„Weil mich das Kissen da unten auf meinen Füßen stört."

Die Fee nahm das Kissen fort.

„Das hilft gar nichts! So kann ich es auch nicht trinken!"

„Was stört dich denn jetzt noch?"

„Die Zimmertür steht halb offen, das stört mich!"

Die Fee ging hin und schloß die Tür.

„Und überhaupt", schrie Pinocchio und brach in Tränen aus. „Ich will das scheußliche bittere Zeug nicht trinken! Nein, nein, nein!"

„Mein lieber Junge, du wirst es bereuen!"

„Das macht mir nichts!"
„Du bist schwerkrank."
„Das macht mir nichts."
„Bei diesem Fieber kannst du in ein paar Stunden tot sein."
„Das macht mir nichts."
„Hast du denn keine Angst vor dem Tod?"
„Gar keine! ... Lieber sterben, als diese scheußliche Medizin schlucken!"
In diesem Augenblick sprang die Zimmertür weit auf, und herein kamen vier Kaninchen, schwarz wie Tinte, die trugen auf ihren Schultern einen kleinen Sarg.
„Was wollt ihr von mir?" rief Pinocchio und richtete sich voller Angst in seinem Bett auf.
„Wir sind gekommen, dich zu holen", antwortete das größte Kaninchen.
„Mich holen? Aber ich bin doch noch gar nicht tot! ..."
„Noch nicht, aber dir bleiben nur noch wenige Minuten zum Leben, weil du dich geweigert hast, die Medizin zu nehmen, die dein Fieber geheilt hätte."
„Liebe Fee, ach, liebe Fee", schrie da Pinocchio gellend auf, „gebt mir schnell das Glas, beeilt Euch doch, habt Erbarmen! Ich will doch nicht sterben, nein, ich will nicht sterben!"
Mit beiden Händen griff er nach dem Glas und leerte es in einem Zuge. „Nun ja —", sagten die Kaninchen. „Diesmal haben wir den Weg umsonst gemacht."
Sie luden sich den kleinen Sarg wieder auf die Schultern und verließen brummend und ärgerlich vor sich hin murmelnd das Zimmer.
Pinocchio aber sprang schon nach wenigen Minuten gesund und munter aus dem Bett. Ihr müßt nämlich wissen, Holzpuppen haben den Vorzug, daß sie nur selten krank werden und dann sehr rasch wieder gesund sind.
Als die Fee ihn im Zimmer umhertollen sah, munter und aufgekratzt wie ein junges Hähnchen, sagte sie zu ihm:
„Also hat dir meine Medizin doch wirklich gutgetan?"
„Und wie gut! Sie hat mich vom Tode gerettet!"
„Und warum hast du dich denn so lange bitten lassen, ehe du sie geschluckt hast?"
„Weil wir Kinder nun einmal so sind! Wir haben alle viel mehr Angst vor der Medizin als vor der Krankheit."
„Schäm dich! Kinder sollten doch wissen, daß eine gute

Medizin, wenn sie nur rechtzeitig eingenommen wird, sie vor einer schweren Krankheit und vielleicht sogar vor dem Tode bewahren kann."

„Oh! Aber das nächste Mal lasse ich mich nicht mehr so lange bitten! Ich werde an die schwarzen Kaninchen mit dem Sarg auf den Schultern denken, und dann nehme ich ganz schnell das Glas, und herunter damit!"

„So, und nun komm einmal her zu mir und erzähle mir, wie es kam, daß du den Räubern in die Hände gefallen bist!"

„Das kam so: Der Puppenspieler Feuerfresser gab mir ein paar Goldstücke und sagte zu mir: ‚Nimm und bring sie deinem Vater!' Aber ich traf unterwegs eine Füchsin und einen Kater, sehr anständige Leute, die fragten mich: ‚Willst du, daß aus den Goldstücken da tausend oder auch zweitausend werden? Komm mit uns, wir bringen dich zum Feld der Wunder.' Und ich sagte: ‚Gehen wir los!' Und sie sagten: ‚Bleiben wir doch im Gasthaus „Zum Roten Krebs", und nach Mitternacht gehen wir dann weiter!' Und als ich dann wach wurde, waren sie nicht mehr da, weil sie schon fortgegangen waren. Dann bin ich nachts losgelaufen, und es war so schrecklich dunkel. Ihr glaubt gar nicht, wie dunkel es war! Darum bin ich auch unterwegs zwei Räubern begegnet. Die hatten sich in Kohlensäcke gesteckt, und sie sagten zu mir: ‚Heraus mit dem Geld!' Und ich sagte: ‚Ich habe keins!' Weil ich doch die vier Goldstücke im Mund versteckt hatte. Und der eine Räuber wollte mir die Hand in den Mund stecken, und ich habe ihm die Hand abgebissen, und dann habe ich sie ausgespuckt. Aber dann war es gar keine Hand, sondern eine Katzenpfote. Und ich lief und lief, und die Räuber sind immer hinter mir her gelaufen, bis sie mich eingeholt hatten, und dann haben sie mich hier im Wald an einem Baum aufgehängt und haben gesagt: ‚Morgen kommen wir wieder, und dann bist du tot und hast den Mund ganz weit auf, und wir können dir dann die Goldstücke fortnehmen, die du unter der Zunge hast!'"

„Und wo hast du jetzt die vier Goldstücke hingetan?" fragte die Fee.

„Ich habe sie verloren", antwortete Pinocchio; aber das war gelogen, denn er trug sie in der Tasche.

Kaum war die Lüge über seine Lippen gekommen, da wurde Pinocchios Nase, die ohnehin schon lang genug war, noch um mindestens zwei Finger länger.

„Und wo hast du sie verloren?“
„Hier in der Nähe, im Wald.“
Bei dieser zweiten Lüge wurde seine Nase noch länger.
„Wenn du sie hier im Wald verloren hast“, sagte die Fee, „dann werden wir sie suchen und wiederfinden, denn alles, was man hier im Wald verliert, findet sich wieder ein.“
„Ach, jetzt erinnere ich mich wieder genau“, erwiderte Pinocchio, schwitzend vor Verlegenheit, „die vier Goldstücke habe ich ja gar nicht verloren! Ich habe sie ja verschluckt, ohne es zu merken, als ich Eure Medizin eingenommen habe.“
Bei dieser dritten Lüge wurde die Nase so unerhört lang, daß der arme Pinocchio sich nach keiner Seite mehr drehen und wenden konnte. Wandte er sich hierhin, dann stieß er mit der Nase ans Bett und an die Fensterscheiben; wandte er sich dorthin, stieß er an die Wände oder an die Tür; wenn er den Kopf ein wenig hob, lief er Gefahr, der Fee ein Auge auszustechen.
Und die Fee schaute ihn an und lachte.
„Warum lacht Ihr?“ fragte Pinocchio ganz bestürzt und sehr in Sorge um seine Nase, die zusehends länger wurde.
„Ich lache über das Lügenmärchen, das du mir aufgetischt hast.“
„Woher wißt Ihr denn, daß ich gelogen habe?“
„Lügen, mein liebes Kind, kann man immer gleich erkennen. Es gibt nämlich zwei Arten von Lügen: die einen haben kurze Beine und die anderen eine lange Nase. Deine Lüge gehört nun eben zu denen, die eine lange Nase haben.“
Pinocchio schämte sich so sehr, daß er nicht wußte, wo er sich verstecken sollte. Er versuchte, aus dem Zimmer zu entkommen; aber es gelang ihm nicht. Seine Nase war so lang geworden, daß sie nicht mehr durch die Tür ging.

Achtzehntes Kapitel

Pinocchio trifft die Füchsin und den Kater wieder und geht mit ihnen, um die vier Goldstücke ins Feld der Wunder zu säen

Wie ihr euch wohl denken könnt, ließ die Fee Pinocchio erst einmal eine gute halbe Stunde lang heulen und schreien und um seine Nase jammern, die nicht mehr durch die Tür ging. Sie tat das, weil sie ihm eine ernste Lehre erteilen wollte. Er sollte in sich gehen und die häßliche Angewohnheit zu lügen ablegen, die häßlichste Angewohnheit, die ein Kind haben kann. Aber als sie sah, daß er wie umgewandelt war und daß ihm vor großer Verzweiflung die Augen fast aus dem Kopfe fielen, fühlte sie Mitleid mit ihm und klatschte in die Hände. Auf dieses Zeichen kamen Tausende großer Vögel durch das Fenster hereingeflogen. Das waren Spechte, die setzten sich nun alle auf Pinocchios Nase und fingen an, so viel und so ausdauernd daran herumzuhämmern und zu picken, daß in

wenigen Minuten diese ungeheure unförmige Nase ihre natürliche Größe wiederhatte.

„Wie gut ihr doch seid, liebe Fee!" sagte Pinocchio und trocknete sich die Augen. „Wie lieb ich Euch habe!"

„Auch ich habe dich lieb", erwiderte die Fee, „und wenn du bei mir bleiben willst, dann wirst du mein Brüderchen sein und ich dein gutes Schwesterchen..."

„Ich bliebe gern ..., aber mein armer Vater?"

„Ich habe an alles gedacht. Dein Vater ist schon benachrichtigt, und noch ehe die Nacht kommt, wird er hier sein."

„Wahrhaftig?" rief Pinocchio und machte einen Freudensprung. „Oh, liebe kleine Fee, ich möchte ihm entgegengehen, wenn Ihr es erlaubt! Ich kann gar nicht erwarten, bis ich ihm einen Kuß geben kann, dem armen alten Mann, dem ich so viel Kummer gemacht habe!"

„Geh nur, aber gib acht, daß du dich nicht verirrst! Nimm den Waldweg, dann wirst du ihm gewiß begegnen."

Pinocchio brach auf, und sobald er im Wald war, sprang er dahin wie ein Rehböckchen. Aber als er an eine bestimmte Stelle kam, gerade gegenüber der „Großen Eiche", blieb er plötzlich stehen, weil er glaubte, Schritte im Gebüsch zu hören. Und tatsächlich erschienen auf dem Wege, der auf ihn zuführte, zwei Gestalten. Nun ratet einmal, wer das war ... Die Füchsin und der Kater, seine beiden Reisegefährten, mit denen er im Gasthaus „Zum Roten Krebs" zu Abend gegessen hatte.

„Da ist ja unser lieber Pinocchio!" rief die Füchsin, fiel ihm um den Hals und küßte ihn. „Wie kommst du denn hierher?"

„Wie kommst du denn hierher?" wiederholte der Kater.

„Das ist eine lange Geschichte", antwortete Pinocchio. „Ich werde sie euch bei Gelegenheit erzählen. In der Nacht, als ihr mich allein im Gasthaus zurückgelassen habt, bin ich nämlich unterwegs zwei Räubern begegnet..."

„Zwei Räubern? Ach, du armer Freund! Und was wollten sie von dir?"

„Sie wollten mir meine Goldstücke fortnehmen."

„Niederträchtig!" rief die Füchsin.

„Ganz niederträchtig!" wiederholte der Kater.

„Aber ich lief davon", erzählte Pinocchio, „und sie immer hinter mir her, bis sie mich schließlich einholten und mich da

drüben an der Eiche an einem Ast aufhängten ..."
Und Pinocchio wies auf die „Große Eiche", die ein paar Schritte von ihnen entfernt stand.
„Kann man wohl Schlimmeres vernehmen?" rief die Füchsin aus. „In was für einer Welt müssen wir leben! Wo finden wir anständigen Leute noch einen sicheren Zufluchtsort?"
Während sie so miteinander sprachen, bemerkte Pinocchio, daß der Kater auf dem rechten Vorderbein hinkte, weil unten die Pfote mit den Krallen fehlte; darum fragte er ihn:
„Was hast du denn mit deiner Pfote gemacht?"
Der Kater wollte etwas darauf erwidern, aber er verhaspelte sich, und die Füchsin sagte schnell:
„Mein Freund ist viel zu bescheiden, darum gibt er dir keine Antwort. Ich werde für ihn antworten. Vernimm also, daß wir vor einer Stunde unterwegs einem alten Wolf begegnet sind, der vor Hunger fast umfiel. Er bat uns um ein kleines Almosen, aber wir besaßen nichts, was wir ihm hätten geben können, nicht einmal eine Fischgräte. Und was hat da mein Freund gemacht, der wahrhaft das Herz eines Löwen hat? Er biß sich die rechte Vorderpfote ab und warf sie dem armen Tier vor, damit es seinen Hunger stillen konnte."
Und als die Füchsin so sprach, wischte sie sich eine Träne ab.
Auch Pinocchio war ganz gerührt. Er ging auf den Kater zu und flüsterte ihm ins Ohr:
„Wenn alle Kater so wären wie du, was für ein Leben hätten dann die Mäuse!"
„Und was machst du hier in dieser Gegend?" fragte die Füchsin scheinheilig Pinocchio.
„Ich warte auf meinen Vater. Er muß jeden Augenblick kommen."
„Und deine Goldstücke?"
„Die habe ich immer noch in der Tasche, bis auf das eine, das ich im Gasthaus ‚Zum Roten Krebs' ausgegeben habe."
„Wenn man bedenkt, daß es morgen schon tausend oder zweitausend sein könnten statt nur vier! ... Warum hörst du nicht auf meinen Rat? Warum gehst du nicht hin und säst sie im Feld der Wunder aus?"
„Heute ist es unmöglich. Ich werde an einem anderen Tag hingehen."
„An einem anderen Tag ist es zu spät", sagte die Füchsin.
„Warum?"

„Weil ein großer Herr dieses Feld gekauft hat, und von morgen ab wird es keinem mehr erlaubt sein, dort Geld auszusäen."
„Wie weit ist es von hier bis zum Feld der Wunder?"
„Kaum zwei Kilometer. Willst du mit uns kommen? In einer halben Stunde bist du da und säst gleich die vier Goldstücke aus. Nach wenigen Minuten schon erntest du zweitausend und kommst heute abend mit vollen Taschen hierher zurück. Willst du mit uns kommen?"
Pinocchio zögerte eine Weile mit der Antwort. Er dachte an die gute Fee, an den alten Geppetto und an die Ermahnungen der Grille. Aber dann tat er schließlich das, was alle Kinder tun, die gedankenlos sind und keinen Funken Verstand im Kopfe haben:
Er nickte zustimmend und sagte zu der Füchsin und dem Kater:
„Also, gehen wir los! Ich komme mit euch."
Und sie machten sich auf den Weg.
Nachdem sie einen halben Tag gewandert waren, kamen sie in eine Stadt, die hieß „Dummenfang". Sobald sie in der Stadt waren, sah Pinocchio auf allen Straßen Scharen von geschundenen Hunden, die vor Hunger gähnten, geschorene Schafe, die vor Kälte zitterten, Hühner ohne Kamm und ohne Koller, die um ein Maiskorn bettelten, große Schmetterlinge, die nicht mehr fliegen konnten, weil sie ihre schönen farbenprächtigen Flügel verkauft hatten, Pfauen, die sich aus Scham zu verstecken suchten, weil sie ihre bunte Schleppe nicht mehr besaßen, Fasane, die ganz still umhertrippelten und um ihre schimmernden goldenen und silbernen Federn trauerten, die sie für immer verloren hatten. Mitten durch diese Schar von Bettlern und verschämten Armen fuhren hie und da vornehme Kutschen, in denen ein Fuchs saß oder eine diebische Elster oder irgendein Raubvogel.
„Und wo ist das Feld der Wunder?" fragte Pinocchio.
„Ein paar Schritte von hier."
Sie gingen durch die Stadt und machten draußen vor den Mauern auf einem einsamen Feld halt, das so aussah wie alle anderen Felder auch.
„Wir sind da", sagte die Füchsin zu Pinocchio. „Jetzt bücke dich, grabe mit den Händen ein kleines Loch in die Erde und lege deine Goldstücke hinein!"
Pinocchio gehorchte. Er grub ein Loch, legte die vier Gold-

münzen hinein, die ihm noch geblieben waren, und deckte das Loch mit etwas Erde wieder zu.

„Und jetzt", sagte die Füchsin, „geh zum Wassergraben da drüben, hole einen Eimer Wasser und begieße die Erde da, wo du die Goldstücke gesät hast!"

Pinocchio ging zum Wassergraben hinüber, und weil er im Augenblick keinen Eimer bei der Hand hatte, zog er einen Schuh vom Fuß, füllte ihn mit Wasser und begoß die Erde, die das Loch bedeckte. Dann fragte Pinocchio:

„Muß ich noch etwas tun?"

„Nichts mehr", antwortete die Füchsin. „Wir können jetzt gehen. Du kommst in etwa zwanzig Minuten wieder hierher und siehst dann ein Bäumchen, das inzwischen aus dem Boden gewachsen ist und dessen Zweige über und über mit Goldstücken behängt sind."

Der arme Pinocchio war außer sich vor Freude. Er bedankte sich tausendmal bei der Füchsin und dem Kater und versprach ihnen ein schönes Geschenk.

„Wir wollen keine Geschenke", antworteten die beiden Übeltäter. „Uns genügt es, daß wir dir gezeigt haben, wie man ohne Mühe reich wird, und wir freuen uns darüber wie die Schneekönige!"

Nach diesen Worten verabschiedeten sie sich von Pinocchio, wünschten ihm eine reiche Ernte und gingen ihrer Wege.

Neunzehntes Kapitel

Pinocchio wird seiner Goldstücke beraubt und wandert außerdem zur Strafe für seine Dummheit für vier Monate ins Gefängnis

Pinocchio kehrte in die Stadt zurück. Er zählte die Minuten, eine nach der anderen, und als er meinte, es sei an der Zeit, da schlug er wieder die Straße ein, die zum Feld der Wunder führte. Und während er mit eiligen Schritten dahinging, schlug ihm das Herz vor Aufregung bis zum Halse und machte laut tick — tack, tick — tack, wie eine Sanduhr, wenn sie wirklich

einmal geht. Und inzwischen dachte er bei sich:
„Wenn ich nun nicht tausend Goldmünzen an den Zweigen meines Bäumchens fände, sondern zweitausend? Wenn ich nicht zweitausend fände, sondern fünftausend? Wenn ich nicht fünftausend fände, sondern hunderttausend? — Ach, was für ein großer Herr würde ich dann! Und dann möchte ich ein schönes Schloß haben, tausend Holzpferdchen und tausend Pferdeställe, um damit zu spielen, einen Keller voll Likör und schönen Getränken und einen Bücherschrank, angefüllt bis oben hin mit kandierten Früchten, Torten, Gebäck, Mandelkuchen und Windbeuteln mit Schlagsahne!"
So vor sich hin träumend kam er in die Nähe des Feldes, um Ausschau zu halten, ob er nicht vielleicht schon einen kleinen Baum erblicken könnte, dessen Äste voller Goldmünzen hingen. Aber er sah nichts; er lief noch hundert Schritte weiter: nichts; er kam auf das Feld ... und ging auf das kleine Loch zu, wo er seine Goldstücke vergraben hatte: nichts. Da wurde er nachdenklich, und unbekümmert um alle Regeln des Anstandes und des guten Benehmens zog er die Hand aus der Tasche und kratzte sich lange und ausgiebig den Kopf.
Da gellte ihm plötzlich ein schrilles Gelächter in den Ohren, und als er hochschaute, erblickte er auf einem Baum einen dicken Papagei, der sich die Läuse aus den wenigen Federn suchte, die er noch besaß.
„Warum lachst du?" fragte Pinocchio erbost.
„Ich lache, weil ich mich beim Lausen unter den Flügeln gekitzelt habe."
Pinocchio antwortete nicht. Er ging zum Wassergraben, füllte seinen Schuh mit Wasser und machte sich von neuem daran, die Erde über den Goldmünzen zu begießen.
Da gellte in die stille Einsamkeit des Feldes hinein schon wieder das Gelächter, sogar noch unverschämter als das erste Mal.
Pinocchio wurde zornig und schrie:
„Darf man nun erfahren, du unhöflicher Papagei, worüber du eigentlich lachst?"
„Ich lache über die Dummköpfe, die jeden Unsinn glauben und sich von denen betrügen lassen, die schlauer sind als sie."
„Sprichst du vielleicht von mir?"
„Ja, ich spreche von dir, armer Pinocchio, von dir! Du bist so dumm, daß du glaubst, man könne Geld aussäen und ernten

wie Bohnen und Kürbisse. Auch ich habe das einmal geglaubt, und heute trage ich dafür die Strafe. Heute — aber viel zu spät — habe ich gelernt, daß jeder, der auf ehrliche Weise ein paar Groschen zusammenbringen will, sie sich mit seiner eigenen Hände Arbeit oder mit seinem eigenen Verstand verdienen muß."

„Ich verstehe dich nicht", sagte Pinocchio, dem schon vor Angst die Glieder schlotterten.

„Nun gut, dann werde ich mich klarer ausdrücken", fuhr der Papagei fort. „Während du in der Stadt warst, sind nämlich die Füchsin und der Kater hierher auf das Feld zurückgekommen. Sie haben die vergrabenen Goldstücke geholt und sich dann mit Windeseile aus dem Staube gemacht. Wer sie jetzt noch einholt, der kann was!"

Pinocchio blieb der Mund offen, und da er den Worten des Papageien nicht glauben wollte, fing er an, mit den Händen die Erde aufzugraben, die er eben begossen hatte. Er grub und grub und machte ein so tiefes Loch, daß ein ganzer Strohschober aufrecht darin Platz gehabt hätte. Aber die Goldmünzen waren nicht mehr da.

Da rannte er in heller Verzweiflung zurück in die Stadt und ging schnurstracks zum Gericht, um beim Richter die beiden Spitzbuben zu verklagen, die ihn bestohlen hatten.

Der Richter war ein riesiger Affe, ein Gorilla, der großes Ansehen genoß wegen seines hohen Alters, wegen seines weißen Bartes und besonders wegen seiner goldenen Brille. Diese goldene Brille ohne Gläser mußte er ständig tragen wegen seiner triefenden Augen, die ihn schon seit Jahren quälten.

Pinocchio erzählte in Gegenwart des Richters haargenau und ausführlich von dem abscheulichen Betrug, dem er zum Opfer gefallen war. Er nannte Vor- und Zunamen und die besonderen Kennzeichen der Räuber und schloß mit der Bitte um Gerechtigkeit.

Der Richter hörte ihn mit großem Wohlwollen an, nahm sehr lebhaften Anteil an dem Bericht, war gerührt und ganz ergriffen, und als Pinocchio nichts mehr zu sagen hatte, streckte er den Arm aus und läutete die Glocke.

Auf das Läuten hin erschienen augenblicklich zwei große Schäferhunde, die wie Gendarmen gekleidet waren.

Der Richter deutete auf Pinocchio und sagte zu ihnen:

„Dieser arme Teufel da ist um vier Goldstücke betrogen worden. Greift ihn also und steckt ihn gleich ins Gefängnis!"
Pinocchio, den dieser Urteilsspruch wie ein Blitz aus heiterem Himmel traf, fiel aus allen Wolken und wollte Einspruch erheben; aber die Gendarmen, die nicht unnötig ihre Zeit verlieren wollten, stopften ihm den Mund und führten ihn ab ins Loch.
Und dort mußte er vier Monate sitzen, vier lange Monate, und er hätte noch länger dort gesessen, wenn nicht ein besonderer Glücksfall eingetreten wäre. Der junge Kaiser, der in der Stadt Dummenfang regierte, hatte nämlich einen großen Sieg über seine Feinde davongetragen.
Daher ordnete er öffentliche Lustbarkeiten, Festbeleuchtung und Feuerwerk, Pferderennen und Radrennen an; und um die Freude voll zu machen, befahl er, die Gefängnisse zu öffnen und alle Straßenräuber freizulassen.
„Wenn man die anderen freiläßt, will ich auch hinaus!" sagte Pinocchio zum Kerkermeister.
„Ihr nicht! Ihr kommt nicht heraus!" versetzte der Kerkermeister. „Ihr seid nicht von der richtigen Sorte!"
„Ihr müßt schon entschuldigen", versetzte darauf Pinocchio, „aber ich bin auch ein Straßenräuber!"
„In diesem Falle habt Ihr natürlich tausendmal recht!" sagte der Kerkermeister und zog achtungsvoll die Mütze. Er verabschiedete sich von Pinocchio, öffnete das Gefängnistor und ließ ihn laufen.

Zwanzigstes Kapitel

Aus dem Gefängnis entkommen, macht sich Pinocchio auf, um in das Haus der Fee zurückzukehren. Aber unterwegs stößt er erst auf eine gräßliche Schlange und gerät dann in ein Fangeisen

Stellt euch vor, wie überglücklich Pinocchio war, endlich wieder frei zu sein. Ohne auch nur einen Augenblick zu verlieren, kehrte er sogleich der Stadt den Rücken und schlug die Straße ein, die ihn zu dem Häuschen der Fee zurückbringen mußte.

Das regnerische Wetter hatte die Straße in einen einzigen Sumpf verwandelt, in dem man bis zu den Knien versank; aber Pinocchio kümmerte das wenig. Das sehnliche Verlangen, seinen Vater und sein Schwesterchen mit dem blauen Haar wiederzusehen, trieb ihn vorwärts. Er lief in weiten Sätzen dahin wie ein Windhund, und im Laufen spritzte ihm der Morast bis über die Ohren. Und während er so dahinlief, dachte er bei sich:

‚Wieviel Unglück ist mir doch schon zugestoßen! Und ich habe es verdient! Ich bin ein starrköpfiger Junge und nehme alles krumm, und immer will ich nur meinen eigenen Kopf durchsetzen, ohne auf die zu hören, die mich liebhaben und die tausendmal klüger sind als ich! Aber jetzt nehme ich mir vor, mein Leben zu ändern und von nun an ein ordentlicher und gehorsamer Junge zu sein. So viel weiß ich ja nun schon — ich habe es am eigenen Leibe erfahren —, daß Kinder sich immer nur selbst schaden, wenn sie ungezogen sind, und daß ihnen niemals etwas recht gelingt. Mein lieber Vater! Ob er wohl auf mich gewartet hat? Ob ich ihn wohl im Hause der Fee finde? So lange schon habe ich ihn nicht mehr gesehen, den armen alten Mann! Ich vergehe fast vor Sehnsucht. Mit tausend Zärtlichkeiten möchte ich ihn überschütten, ihn küssen und herzen und halbtot drücken! — Und wird mir die Fee verzeihen, was ich ihr angetan habe? Wenn ich daran denke, wie gut sie zu mir war und wie liebevoll sie mich gepflegt hat!

Wenn ich heute noch lebe, dann verdanke ich es nur ihr allein! Kann es wohl einen undankbareren und herzloseren Jungen geben als mich?' ...

Während er noch so zu sich selber sprach, hielt er plötzlich ganz entsetzt im Laufen inne und sprang vier Schritte zurück.

Was hatte ihn nur so entsetzt?

Er hatte eine dicke Schlange entdeckt, die quer über der Straße lag und ihm den Weg versperrte.

Ihre Haut war giftgrün, ihre Augen flammten wie Feuer, und der spitz zulaufende Schwanz qualmte wie eine Esse.

Unmöglich ist es, sich die Angst Pinocchios vorzustellen. Ihm schlotterten die Knie, und er machte sich auf den Rückzug, ließ sich dann, mehr als einen halben Kilometer entfernt, auf einem Steinhaufen nieder und wartete darauf, daß die Schlange sich schließlich dazu herbeilassen werde, ihrer Wege zu gehen und die Straße frei zu machen.

Er wartete eine Stunde, zwei Stunden, drei Stunden; aber die Schlange lag immer noch da, und sogar von weitem sah er das rötliche Flackern ihrer Feueraugen und die Rauchwolke, die aus ihrer Schwanzspitze aufstieg.

Da redete sich Pinocchio schließlich Mut ein. Er näherte sich der Schlange bis auf wenige Schritte und sagte zu ihr, wobei er seiner Stimme einen süßen und einschmeichelnden Klang zu geben suchte:

„Entschuldigen Sie, Frau Schlange, aber würden Sie mir den Gefallen tun und ein wenig zur Seite rücken, damit ich vorbei kann?"
Er hätte ebensogut zu einer Wand sprechen können. Die Schlange rührte sich nicht.
Da sagte er noch einmal mit dem gleichen süßen Stimmchen:
„Sie müssen nämlich wissen, Frau Schlange, daß ich nach Hause gehe, zu meinem Vater, der auf mich wartet und den ich schon lange Zeit nicht mehr gesehen habe! ... Erlauben Sie mir also, daß ich meinen Weg fortsetze?"
Er wartete auf ein Zeichen als Antwort auf seine Frage, doch es kam keine Antwort. Vielmehr lag die Schlange, die bis dahin ganz quicklebendig schien, auf einmal steif und regungslos da, wie erstarrt. Ihre Augen schlossen sich, und der Schwanz hörte auf zu rauchen.
„Ob sie wirklich tot ist?" fragte sich Pinocchio und rieb sich vor Vergnügen die Hände. Ohne viel Zeit zu verschwenden, machte er Anstalten, über sie hinwegzuklettern, um auf die andere Seite zu gelangen. Aber er hatte noch nicht einmal das Bein gehoben, als die Schlange ganz plötzlich hochfuhr wie eine losschnellende Sprungfeder. Pinocchio sprang entsetzt zurück, stolperte und fiel auf die Erde.
Und er fiel so unglücklich, daß er mit dem Kopf im Straßenschlamm steckenblieb und seine Beine hoch in die Luft reckte. Als die Schlange das hölzerne Männlein erblickte, das da kopfüber im Morast steckte, und sah, wie seine Beine mit unglaublicher Geschwindigkeit in der Luft herumstrampelten, da bekam sie einen solchen Lachkrampf, daß sie lachte, lachte und lachte — bis ihr zum Schluß vor lauter Lachen eine Ader in der Brust platzte. Und nun war sie wirklich tot.
Da machte sich Pinocchio wieder auf und lief und lief, um das Haus der Fee noch zu erreichen, ehe es dunkel würde. Aber unterwegs quälte ihn ein schrecklicher Hunger, und als er glaubte, ihn nicht mehr ertragen zu können, sprang er in einen Weingarten, um sich ein paar frische Muskatellertrauben zu pflücken.
Hätte er das nie getan!
Kaum war er zwischen den Weinstöcken, knacks, da fühlte er, wie zwei scharfe Eisen ihm die Beine zusammenpreßten, so daß er die Sterne am Himmel tanzen sah.
Der arme Pinocchio war in ein Fangeisen geraten, das ein

Bauer dort aufgestellt hatte, um einige große Steinmarder einzufangen, die alle Hühnerställe in der Nachbarschaft heimsuchten.

Einundzwanzigstes Kapitel

Pinocchio wird von einem Bauern gefaßt und gezwungen, den Wachhund vor einem Hühnerstall zu spielen

Wie ihr euch leicht denken könnt, fing Pinocchio an zu weinen, zu schreien und zu flehen. Aber all sein Weinen und Rufen war vergeblich, denn nirgendwo in der Nähe war ein Haus zu sehen, und auf der Straße kam keine lebende Seele vorüber.
Unterdessen wurde es Nacht.
Das Fangeisen, das ihm die Schienbeine fast zersägte, bereitete ihm große Qualen. Vor Schmerz und auch vor Angst, im Dunkel, inmitten all dieser Weingärten ganz allein zu bleiben, war er schon fast einer Ohnmacht nahe, als er plötzlich ein Glühwürmchen an seinem Kopf vorüberschwirren sah. Er rief es an und sagte zu ihm:
„Oh, liebes Glühwürmchen, erbarme dich doch und befreie mich von dieser Qual!"
„Armes Kerlchen!" erwiderte das Glühwürmchen, unterbrach seinen Flug und betrachtete ihn mitleidig. „Wie bist du denn nur mit den Beinen in die scharfen Zangen des Fangeisens geraten?"
„Ich bin in den Weingarten gesprungen, um mir ein paar Muskatellertrauben zu pflücken, und..."
„Gehörten die Trauben denn dir?"
„Nein..."
„Wer hat dich denn geheißen, anderer Leute Sachen wegzunehmen?"
„Ich hatte Hunger..."
„Hunger, mein Kind, gibt uns noch lange nicht das Recht, uns Sachen anzueignen, die uns nicht gehören."
„Das ist ja wahr, das ist ja wahr!" rief Pinocchio weinend. „Ein zweites Mal werde ich es auch gewiß nicht wieder tun!"

An dieser Stelle wurde das Gespräch durch das leise Geräusch sich nähernder Schritte unterbrochen. Es war der Besitzer des Weinberges, der auf Zehenspitzen heranschlich, um nachzusehen, ob einer dieser Marder, die zur Nachtzeit die Hühner fraßen, in die Falle gegangen sei. Wie groß war aber seine Verwunderung, als er die Laterne unter seinem weiten Mantel hervorzog und sah, daß statt eines Marders ein hölzernes Männlein im Fangeisen festsaß.

„Ach, du kleiner Spitzbube!" sagte der Bauer. „Du bist es also, der mir die Hühner stiehlt?"

„Ich nicht, ich nicht!" rief Pinocchio schluchzend. „Ich bin nur in den Weingarten gesprungen, um mir ein paar Trauben zu holen!"

„Wer Trauben stiehlt, der stiehlt gewiß auch Hühner! Aber verlaß dich drauf, ich werde dir eine Lehre erteilen, an die du eine Weile denken wirst!"

Und er öffnete das Fangeisen, packte Pinocchio im Genick und trug ihn wie ein Lämmchen nach Hause.

Als er auf der Tenne vor dem Haus angekommen war, warf er ihn auf die Erde, setzte ihm den Fuß auf den Nacken und sprach zu ihm:

„Jetzt ist es spät, und ich will zu Bett gehen. Unsere Rechnung werden wir morgen begleichen. Weil aber heute mein Hund gestorben ist, der nachts hier immer Wache hielt, wirst du jetzt sofort seinen Platz einnehmen. Du wirst mir als Wachhund dienen!"

Gesagt, getan. Er legte Pinocchio ein schweres Halsband um, das mit Dornen aus Messing beschlagen war, und zog es so fest, daß Pinocchio nicht mit dem Kopf hindurchschlüpfen und es abnehmen konnte.

An dem Halsband war eine lange Eisenkette befestigt, und die Kette war an der Mauer festgemacht.

„Wenn es diese Nacht anfangen sollte zu regnen", sagte der Bauer, „dann kannst du in die Hundehütte kriechen. In der Hütte ist noch Stroh, das meinem armen Hund vier Jahre lang als Lager gedient hat. Und sollten unglücklicherweise Diebe kommen, dann denk daran, daß du die Ohren spitzen und bellen mußt!"

Nach dieser letzten Ermahnung ging der Bauer ins Haus und verrammelte und verriegelte die Tür.

Und der arme Pinocchio blieb zusammengekauert auf der

Tenne zurück, vor Kälte, Hunger und Angst mehr tot als lebendig.
Von Zeit zu Zeit schob er die Hände unter das Halsband, das ihm die Kehle zusammenschnürte, und sagte weinend:
„Mir geschieht ganz recht! Leider geschieht mir ganz recht! Ich wollte ein Faulpelz sein und ein Herumtreiber ... Ich wollte auf den Rat schlechter Freunde hören, und darum verfolgt mich das Unglück immer aufs neue. Wäre ich ein artiges Kind gewesen, wie es so viele gibt, hätte ich Lust gehabt zum Lernen und zum Arbeiten, wäre ich zu Hause bei meinem armen Vater geblieben, dann müßte ich jetzt nicht hier sein und bei Nacht inmitten der Felder den Wachhund vor einem Bauernhaus abgeben. Ach, könnte ich doch noch einmal auf die Welt kommen! Aber jetzt ist es zu spät, und da hilft nur Geduld!"
Nach dieser kleinen Selbstbetrachtung, die ihm wirklich aus dem innersten Herzen kam, kroch er in die Hundehütte und schlief ein.

Zweiundzwanzigstes Kapitel

Pinocchio entdeckt die Diebe und wird zur Belohnung für seine Treue wieder freigelassen

Schon mehr als zwei Stunden hatte Pinocchio fest und tief geschlafen, als er gegen Mitternacht durch ein Flüstern und Wispern seltsamer Stimmen aufgeweckt wurde, die er auf der Tenne zu hören meinte. Er steckte die Nasenspitze aus der Hundehütte und sah, wie vier kleine Tiere mit dunklem Fell, die er für Katzen hielt, miteinander beratschlagten.
Aber es waren keine Katzen; es waren Steinmarder, kleine Raubtiere, die besonders auf Eier und junges Geflügel gierig sind. Einer der Marder trennte sich von seinen Gefährten, schlich an die Hundehütte heran und sagte leise:
„Guten Abend, Melampo!"
„Ich heiße nicht Melampo", erwiderte Pinocchio.
„Wer bist du denn?"

„Ich bin Pinocchio."
„Und was machst du hier?"
„Ich vertrete den Wachhund."
„Und wo ist Melampo? Wo ist der alte Hund, der hier in der Hütte wohnte?"
„Er ist heute früh gestorben."
„Gestorben? Das arme Tier! Er war so gutmütig! Aber nach deinem Aussehen zu schließen, scheinst du ja auch ein umgänglicher Hund zu sein."
„Entschuldige schon, aber ich bin kein Hund!"
„Na, was bist du denn?"
„Ich bin eine Marionette."
„Und du machst den Wachhund?"
„Leider! Zur Strafe!"
„Nun gut, ich schlage dir dasselbe Abkommen vor, das wir mit Melampo getroffen hatten. Du wirst zufrieden sein!"
„Und was wäre das für ein Abkommen?"
„Wir kommen wie früher einmal in der Woche nachts hierher, machen einen Besuch im Hühnerstall und holen uns acht Hühner. Sieben davon fressen wir selber, und eins werden wir dir geben unter der Bedingung, versteht sich, daß du dich schlafend stellst und dir nicht etwa einfallen läßt, zu bellen und den Bauern aufzuwecken."
„Und Melampo machte das wirklich so?"
„Er machte das so, und wir haben uns immer gut miteinander vertragen! Leg dich also ruhig schlafen, und du kannst dich darauf verlassen, ehe wir von hier verschwinden, haben wir dir zum Morgenfrühstück ein schönes säuberlich gerupftes Huhn neben deine Hütte gelegt. Haben wir uns gut verstanden?"
„Nur zu gut!" antwortete Pinocchio und schüttelte drohend den Kopf, als hätte er sagen wollen:
‚Wartet nur, bald sprechen wir uns wieder!' Als die vier Marder sich ihrer Sache sicher glaubten, liefen sie schnurstracks zum Hühnerstall, der ganz nahe bei der Hundehütte lag. Mit Zähnen und Krallen öffneten sie das kleine Holzgatter, das den Einschlupf verschloß, und glitten einer nach dem anderen hinein. Aber sie waren noch nicht ganz drinnen, als sie hörten, wie das Gatter mit Gewalt wieder zugeschlagen wurde.
Es war Pinocchio, der es zugeschlagen hatte! Aber damit noch nicht zufrieden, wälzte er zur Sicherheit noch einen schweren

Stein vor das Gatter. Dann fing er an zu bellen, und er bellte geradeso wie ein richtiger Hund und machte „Wau — wau — wau".

Bei diesem Gebell sprang der Bauer aus dem Bett, griff nach seiner Flinte, stürzte ans Fenster und fragte: „Was gibt es?"

„Die Diebe sind da!"

„Wo?"

„Im Hühnerstall."

„Ich komme sofort herunter!"

Und in der Tat, schneller als man amen sagen kann, war der Bauer unten. Er lief zum Hühnerstall, fing die vier Marder ein und steckte sie in einen Sack. Dann sagte er zu ihnen im Tone tiefster Befriedigung:

„Nun seid ihr mir am Ende doch in die Hände gefallen! Ich möchte euch ja bestrafen, aber so gemein bin ich gar nicht. Ich werde mich damit begnügen, euch morgen zum Wirt ins Nachbardorf zu bringen; der wird euch das Fell abziehen und euch als zarten, kräftig gewürzten Hasenbraten auf den Tisch bringen. Eine Ehre, die ihr gar nicht verdient habt! Aber großzügige Menschen wie ich, die fragen nicht nach derlei Kleinigkeiten! ..."

Darauf trat er zu Pinocchio, streichelte ihn liebevoll und lobte ihn, fragte ihn dies und das und unter anderem:

„Wie hast du es nur angestellt, diesen vier kleinen Räubern auf die Spur zu kommen? Daß nur Melampo, mein treuer Melampo, niemals etwas davon gemerkt hat! ..."

Pinocchio hätte nun erzählen können, was er wußte; er hätte von dem schändlichen Abkommen erzählen können, das der Hund mit den Mardern getroffen hatte. Aber ihm fiel ein, daß der Hund ja tot war, und sogleich dachte er bei sich:

‚Was kann es helfen, einen toten Hund anzuschwärzen? Die Toten sind tot. Das beste ist, man läßt sie in Frieden!'

„Warst du noch wach, als die Marder auf die Tenne kamen, oder hast du schon geschlafen?" fragte der Bauer weiter.

„Ich habe schon geschlafen", antwortete Pinocchio. „Aber die Marder haben mich mit ihrem Geflüster und Gewisper aufgeweckt, und einer ist sogar bis hierher an die Hundehütte gekommen und hat zu mir gesagt: ‚Wenn du versprichst, nicht zu bellen und den Bauern nicht zu wecken, schenken wir dir auch ein fein säuberlich gerupftes Huhn!' Versteht Ihr! Die Stirn zu haben, mir mit einem solchen Vorschlag zu kommen!

Ich bin zwar eine Holzpuppe, und es mag schon sein, daß ich so ungefähr alle Fehler habe, die es auf dieser Welt gibt; aber ganz sicher niemals den einen: für andere Schmiere zu stehen und ehrlosem Volk auch noch den Sack aufzuhalten!"
„Bravo, mein Junge!" rief da der Bauer aus und klopfte Pinocchio auf die Schulter. „Diese Ansichten machen dir alle Ehre, und um dir zu zeigen, wie zufrieden ich mit dir bin, lasse ich dich jetzt frei. Du kannst nach Hause gehen!" Und er nahm ihm das Hundehalsband ab.

Dreiundzwanzigstes Kapitel

Pinocchio beweint den Tod des schönen Mädchens mit dem blauen Haar; trifft dann einen Täuberich, der ihn ans Ufer des Meeres bringt, und stürzt sich dort ins Wasser, um seinem Vater Geppetto zu Hilfe zu eilen

Sobald Pinocchio die schwere und erniedrigende Last des Hundehalsbandes nicht mehr im Nacken spürte, machte er sich davon und lief quer über die Felder. Und er hielt nicht eher an, als bis er die Landstraße erreicht hatte, die ihn zum Häuschen der Fee zurückführen mußte. Von der Landstraße hatte er einen weiten Ausblick in die unter ihm liegende Ebene. Mit bloßem Auge konnte er deutlich den Wald erkennen, wo er zu seinem Unglück der Füchsin und dem Kater begegnet war. Inmitten der anderen Bäume sah er den hohen Wipfel der „Großen Eiche" aufragen, an der man ihn aufgeknüpft hatte. Aber soviel er auch schaute und schaute, nach da und nach dort, es war ihm nicht möglich, das kleine Haus des schönen Mädchens mit dem blauen Haar zu entdecken.
Da überkam ihn eine böse Vorahnung, und er rannte los und lief, was seine Beine hergaben, und war in wenigen Minuten auf der Wiese, wo einst das weiße Häuschen gestanden hatte.

Aber das weiße Häuschen war nicht mehr da. Er fand an seiner Stelle einen kleinen Marmorstein, auf dem in Druckbuchstaben zu lesen war:

HIER RUHT
DAS MÄDCHEN MIT DEM BLAUEN HAAR
ES STARB VOR SCHMERZ
WEIL ES VERLASSEN WURDE VON
PINOCCHIO
SEINEM BRÜDERCHEN

Ich kann euch nicht sagen, wie dem armen Pinocchio zumute war, als er sich diese Worte mühsam zusammenbuchstabiert hatte. Ihr müßt versuchen, es euch vorzustellen. Pinocchio fiel mit dem Gesicht zur Erde nieder, bedeckte den kleinen Grabstein mit tausend Küssen und weinte bitterlich. Er weinte die ganze Nacht hindurch, und am nächsten Morgen, als der Tag heraufdämmerte, weinte er immer noch, obwohl seine Augen längst schon keine Tränen mehr hatten. Und sein Rufen und sein Wehklagen waren so laut und herzzerreißend, daß alle Hügel ringsumher davon widerhallten.
Schluchzend rief er aus:
„O meine liebe, kleine Fee, warum bist du tot? Warum bin ich nicht an deiner Stelle gestorben? Ich bin so böse, und du warst doch so gut! ... Und mein Vater, wo mag er wohl sein? O liebe, kleine Fee, sage mir, wo ich ihn wiederfinde! ... Ich will auch immer bei ihm bleiben und ihn nie mehr verlassen! Nie mehr! Nie mehr! O liebe, kleine Fee, sage mir doch, daß es nicht wahr ist, sag mir doch, daß du gar nicht tot bist! ... Wenn du mich wirklich liebhast, wenn du dein Brüderchen liebhast, dann komme zurück zu mir, komme wieder, lebend wie einst! Macht es dich nicht traurig, daß ich jetzt so allein bin und von allen verlassen? Wenn die Räuber zurückkommen, dann knüpfen sie mich wieder an der ‚Großen Eiche' auf, und dann werde ich für immer tot sein! Was soll ich nur so allein auf dieser Welt? Wer wird mir jetzt etwas zu essen geben, da ich dich verloren habe und meinen Vater? Wo soll ich mich nachts schlafen legen? Wer wird mir ein neues Jäckchen machen? Ach, es wäre besser, hundertmal besser, wenn ich auch sterben könnte! ... Hu — hu — hu!"
In seiner Verzweiflung wollte er sich die Haare raufen, aber

seine Haare waren aus Holz, und er konnte nicht einmal die Finger hineinwühlen.
Unterdessen kam ein großer Täuberich angeflogen. Mit ausgebreiteten Schwingen verharrte er über ihm in der Luft und rief ihm aus großer Höhe zu:
„Sag mir, kleiner Junge, was treibst du da unten?"
Pinocchio hob den Kopf:
„Siehst du es denn nicht? Ich weine!" antwortete er und wischte sich mit seinem Jackenärmel die Augen.
„Sag mir", fuhr der Täuberich fort, „kennst du unter deinen Gefährten nicht zufällig eine Marionette, die Pinocchio heißt?"
„Pinocchio? Hast du Pinocchio gesagt?" rief das hölzerne Menschlein und sprang schnell auf die Füße. „Ich bin Pinocchio!"
Auf diese Antwort kam der Täuberich geschwind herabgestoßen und ließ sich auf die Erde nieder. Er war größer als ein Truthahn.
„Da kennst du wohl auch Geppetto?" fragte er Pinocchio.
„Und ob ich ihn kenne! Er ist doch mein armes Väterchen. Hat er dir vielleicht von mir erzählt? Führst du mich zu ihm? Lebt er denn noch? Antworte mir, ich bitte dich, lebt er noch?"
„Ich habe ihn vor drei Tagen am Ufer des Meeres zurückgelassen."
„Was tat er denn dort?"
„Er baute sich ein kleines Boot, um darin über das große Meer zu fahren. Länger als vier Monate hat der arme Mann auf der Suche nach dir die Welt durchzogen, und da er dich nicht finden konnte, hat er sich jetzt in den Kopf gesetzt, dich in den fernen Ländern der Neuen Welt zu suchen."
„Wie weit ist es von hier bis zum Strand?" fragte Pinocchio und bebte in angstvoller Erregung.
„Mehr als tausend Kilometer."
„Tausend Kilometer? Ach, lieber Täuberich, wie schön wäre es, wenn ich jetzt deine Flügel hätte!"
„Wenn du mitkommen willst, ich bringe dich hin."
„Wie denn?"
„Du setzt dich rittlings auf meinen Rücken. Bist du sehr schwer?"
„Schwer? Ganz im Gegenteil! Ich bin leicht wie eine Feder!"

Und ohne noch ein Wort zu verlieren, schwang sich Pinocchio auf den Rücken des Täuberichs, spreizte die Beine wie ein Reiter und rief ganz vergnügt:

„Pferdchen, lauf Galopp! Ich möchte recht schnell da sein!"

Der Täuberich schwang sich in die Lüfte und flog schon nach wenigen Minuten so hoch dahin, daß er fast die Wolken berührte.

In dieser Höhe überkam Pinocchio die Neugier, sich hinunterzubeugen und einen Blick in die Tiefe zu werfen; aber da packte ihn so große Angst, und es schwindelte ihm so sehr, daß er sich mit beiden Armen fest an den Hals seines gefiederten Reittieres klammerte, um nicht hinunterzufallen.

Sie flogen den ganzen Tag. Als es Abend wurde, sagte der Täuberich:

„Ich habe großen Durst!"

„Und ich habe großen Hunger!" fügte Pinocchio hinzu.

„Ruhen wir uns ein paar Minuten dort in dem Taubenschlag aus. Dann fliegen wir gleich weiter, damit wir morgen früh bei Tagesanbruch am Ufer des Meeres sind."

Sie ließen sich in einem verlassenen Taubenschlag nieder, in dem sie nichts weiter fanden als ein Schüsselchen mit Wasser und ein Körbchen voller Linsen.

Zeit seines Lebens hatte Pinocchio Linsen nie ausstehen können. Immer hatte er erklärt, sie erregten ihm Ekel und drehten ihm den Magen um. Aber an diesem Abend aß er sich daran bis zum Platzen voll, und als er sie fast alle aufgegessen hatte, wandte er sich an den Täuberich und sagte zu ihm:

„Ich hätte nie geglaubt, daß Linsen so gut schmecken!"

„Das ist eine alte Erfahrung, mein lieber Junge, die jeder erst machen muß", erwiderte der Täuberich. „Wenn der Hunger sehr groß und nichts anderes zum Essen da ist, dann können auch Wicken köstlich munden! Richtiger Hunger kennt keine Launen und vertreibt die Naschhaftigkeit!"

Nachdem sie eilig ihren kleinen Imbiß eingenommen hatten, machten sie sich auf die Reise. Weiter ging es, und am nächsten Morgen erreichten sie das Ufer des Meeres.

Der Täuberich setzte Pinocchio ab, und da er sich ersparen wollte, den Dank für seine gute Tat anzuhören, flog er sofort wieder auf und verschwand.

Der Strand war voller Menschen, die alle auf das Meer hinausblickten und schrien und winkten.

„Was ist denn hier los?“ fragte Pinocchio ein altes Frauchen.
„Einem armen Vater, der seinen Sohn verloren hat, ist es in den Sinn gekommen, ein kleines Boot zu besteigen, um ihn jenseits des Meeres zu suchen. Aber das Meer ist heute sehr stürmisch, und das kleine Boot kann jeden Augenblick untergehen.“
„Wo ist denn das kleine Boot?“
„Dort, da drüben!“ sagte die Alte und wies mit dem Finger auf ein Schiffchen, das aus dieser Entfernung aussah wie eine Nußschale mit einem winzig kleinen Männlein darin.
Pinocchio blickte aufmerksam in die angegebene Richtung, und als er das Boot entdeckt hatte, stieß er einen schrillen Schrei aus und rief:
„Das ist mein Vater! Das ist mein Vater!“
Unterdessen wurde das kleine Boot von den tobenden Wellen hin und her geschleudert. Jetzt verschwand es zwischen hohen Wellenbergen, dann tauchte es oben auf dem Kamm einer Woge wieder auf. Pinocchio, der hochaufgerichtet am Rande einer steilen Klippe stand, rief immerfort den Namen seines Vaters und gab ihm Zeichen mit den Händen und dem Taschentuch und selbst mit seinem Mützchen.
Und es schien, daß auch Geppetto, obwohl er schon sehr weit vom Strand entfernt war, seinen Sohn erkannt hatte, denn auch er schwenkte grüßend die Mütze und versuchte, ihm durch Zeichen und Gebärden begreiflich zu machen, daß er gerne ans Ufer zurückkehren würde, daß er aber bei dem wildbewegten Meer die Ruder nicht gebrauchen und an Land gehen könne.
Da rollte ganz plötzlich eine riesige Sturzwelle heran, und das Boot verschwand. Sie warteten, daß es wieder auftauchen würde. Aber das Schiffchen erschien nicht wieder.
„Armer Mann!“ sagten da die Fischer, die am Strand versammelt waren; und leise ein Gebet vor sich hin murmelnd, schickten sie sich an, in ihre Häuser zurückzukehren.
Da hörten sie einen verzweifelten Aufschrei, und als sie sich umwandten, sahen sie einen kleinen Jungen, der sich von der Höhe einer Klippe herab ins Meer stürzte, laut schreiend:
„Ich will meinen Vater retten!“
Da Pinocchio ganz aus Holz war, trug ihn das Wasser, und er schwamm wie ein Fisch. Jetzt verschwand er, von den Fluten mitgerissen, im Wasser, dann tauchte er, schon weit

draußen im Meer, wieder mit einem Arm oder mit einem Bein aus den tobenden Wellen auf. Schließlich verloren sie ihn aus den Augen.
„Armer Junge!“ sagten die Fischer, die am Strand versammelt waren, und leise ein Gebet vor sich hin murmelnd, kehrten sie in ihre Häuser zurück.

Vierundzwanzigstes Kapitel

Pinocchio kommt zur „Insel der fleißigen Bienen“ und findet die Fee wieder

Pinocchio, beseelt von der Hoffnung, seinem armen Vater noch rechtzeitig zu Hilfe zu kommen, schwamm die ganze Nacht hindurch.
Und was für eine fürchterliche Nacht war das! Es goß in Strömen, es hagelte, es donnerte entsetzlich, und es blitzte zuweilen, daß die Nacht taghell wurde.
Als der Morgen graute, konnte Pinocchio in geringer Entfernung einen ausgedehnten Landstreifen erkennen. Es war eine Insel mitten im Meer. Da setzte er alle Kräfte daran, um diesen Strand zu erreichen. Er schwamm und schwamm, doch vergeblich. Die Wogen, die sich verfolgten und überstürzten, schaukelten ihn hin und her und warfen ihn sich gegenseitig zu, als sei er nur ein Holzspan oder ein Strohhälmchen.
Zuletzt aber kam zu seinem Glück eine gewaltige Sturzwelle angerollt, die ihn mit voller Wucht auf den Ufersand schleuderte.
Der Aufprall war so heftig, daß im Niederfallen alle seine Rippen krachten und seine Gelenke klapperten. Aber er rappelte sich hoch und tröstete sich zugleich, indem er sagte:
„Immerhin, ich bin wieder einmal glücklich davongekommen!“
Unterdessen heiterte sich allmählich der Himmel wieder auf; die Sonne erschien im vollen Glanz, und das Meer wurde ganz ruhig und glatt wie Öl.
Da breitete Pinocchio seine Kleider zum Trocknen in der

Sonne aus und hielt Ausschau. Er blickte überall umher, ob er vielleicht auf der ungeheuren Wasserfläche ein kleines Boot mit einem kleinen Mann darin erblicken könne.
Aber wie er auch schaute und sich nach allen Seiten wandte, er sah nichts anderes vor sich als den Himmel, das Meer und ein Schiffssegel, so weit entfernt, daß es aussah wie eine Fliege.
„Wenn ich wenigstens wüßte, wie diese Insel heißt!" dachte er bei sich. „Wenn ich wenigstens wüßte, ob diese Insel von anständigen Leuten bewohnt ist, von Leuten nämlich, die nicht die üble Angewohnheit haben, kleine Jungen an den Ästen der Bäume aufzuhängen, aber wen kann ich bloß danach fragen? Wen, wenn doch keiner da ist!"
Bei der Vorstellung, er könnte sich ganz mutterseelenallein inmitten dieses großen unbewohnten Landes befinden, wurde ihm so angst und bange, daß er nahe daran war zu weinen. Da sah er plötzlich in geringer Entfernung vom Ufer einen großen Delphin vorbeischwimmen, der ruhig seinen Geschäften nachging und mit dem Kopf aus dem Wasser ragte. Da er nicht wußte, wie er ihn anreden sollte, rief er ihm mit lauter Stimme zu:
„He, Herr Fisch, gestatten Sie mir wohl ein Wort?"
„Auch zwei", antwortete der Delphin, der so höflich war, wie es wenige in allen Meeren der Welt gibt.
„Würden Sie mir den Gefallen tun und mir sagen, ob es auf dieser Insel Dörfer gibt, wo man essen kann, ohne Gefahr zu laufen, selbst gegessen zu werden?"
„Gewiß gibt es welche", antwortete der Delphin, „du findest sogar eines gar nicht weit von hier."
„Und welchen Weg muß ich nehmen, um dahin zu kommen?"
„Du mußt diesen Fußweg nehmen, linker Hand, und dann immer geradeaus der Nase nach. Du kannst gar nicht fehlgehen."
„Sagen Sie mir doch bitte noch etwas! Sie durchstreifen Tag und Nacht das Meer, sind Sie nicht zufällig einem kleinen Boot begegnet, in dem mein Vater saß?"
„Wer ist denn dein Vater?"
„Er ist der beste Vater der Welt, so wie ich der schlechteste Sohn bin, den es überhaupt geben kann."
„Bei dem schweren Sturm, der diese Nacht getobt hat",

antwortete der Delphin, „wird das kleine Boot untergegangen sein.“
„Und mein Vater?“
„Jetzt wird ihn wohl schon der schreckliche Walfisch verschlungen haben, der seit einigen Tagen unsere Gewässer heimsucht.“
„Ist er sehr groß, dieser Walfisch?“ fragte Pinocchio, der schon vor Angst zu zittern anfing.
„Und ob der groß ist!“ entgegnete der Delphin. „Damit du dir eine Vorstellung davon machen kannst, will ich dir sagen, daß er größer ist als ein fünfstöckiges Haus und daß er ein Maul hat, so breit und so tief, daß ein ganzer Eisenbahnzug mit der Lokomotive bequem hineinfahren könnte.“
„Du meine Güte!“ rief Pinocchio entsetzt. In fliegender Eile zog er sich wieder an, wandte sich an den Delphin und sagte zu ihm:
„Auf Wiedersehen, Herr Fisch! Entschuldigen Sie die Störung und tausend Dank für Ihre Freundlichkeit!“
Und nachdem er das gesagt hatte, schlug er sogleich den Fußweg ein und schritt eilig aus, so eilig, daß es fast aussah, als liefe er, und bei jedem kleinsten Geräusch, das er hörte, blickte er sich sogleich um, voller Angst, daß der schreckliche Walfisch ihn verfolgen könne, der so groß war wie ein fünfstöckiges Haus und einen ganzen Eisenbahnzug im Maul hatte.
Nach einer halben Stunde Weges kam er in ein kleines Dorf, das „Dorf der fleißigen Bienen“ genannt wurde. Die Straßen wimmelten von Menschen, die alle ihren Geschäften nachgingen und hierhin und dorthin eilten. Alle arbeiteten sie, alle hatten sie etwas zu tun. Man hätte keinen einzigen Müßiggänger und keinen Landstreicher gefunden, selbst wenn man ihn mit der Laterne gesucht hätte.
„Ich sehe schon“, sagte der Faulpelz Pinocchio, „dieses Dorf ist nichts für mich! Ich bin nicht zum Arbeiten geboren!“
Inzwischen quälte ihn der Hunger, denn es waren schon vierundzwanzig Stunden vergangen, seit er nichts mehr gegessen hatte, nicht einmal ein Linsengericht.
„Was tun?“
Es blieben ihm nur zwei Möglichkeiten, seinen Hunger zu stillen: entweder sich Arbeit zu suchen oder jemanden um einen Soldo oder einen Bissen Brot zu bitten.

Er schämte sich, zu betteln, denn sein Vater hatte ihm immer gesagt, daß nur Alte und Kranke ein Recht auf unsere Hilfe haben. In dieser Welt verdienen nur diejenigen Beistand und Mitleid, die aus Alter oder Krankheit nicht mehr ihr Brot durch ihrer Hände Arbeit verdienen können. Alle anderen haben die Pflicht, zu arbeiten, und wenn sie nicht arbeiten und Hunger leiden, um so schlimmer für sie.
Da kam ein Mann auf der Straße vorüber, der ganz allein, verschwitzt und keuchend, mit großer Anstrengung zwei kleine Wagen zog, die mit Kohlen beladen waren.
Da Pinocchio ihn seinem Aussehen nach für einen gutmütigen Mann hielt, trat er auf ihn zu, schlug vor Scham die Augen nieder und sagte leise zu ihm:
„Seid doch bitte so gut und gebt mir einen Soldo, ich sterbe vor Hunger!"
„Nicht einen Soldo", sagte der Mann, „ich will dir vier geben, unter der Bedingung, daß du mir hilfst, diese beiden Wagen mit Kohlen nach Hause zu ziehen."
„Ich muß mich doch sehr wundern!" entgegnete Pinocchio fast beleidigt. „Merken Sie nicht, ich habe noch niemals den Packesel gespielt, ich habe noch niemals einen Wagen gezogen!"
„Um so besser für dich!" antwortete der Köhler. „Nun, mein Junge, wenn du wirklich glaubst, vor Hunger sterben zu müssen, dann schneide dir zwei schöne Scheiben von deinem Hochmut ab, iß sie auf und gib ja acht, daß du dir nicht den Magen daran verdirbst!"
Ein paar Minuten später kam ein Maurer des Weges, der trug auf den Schultern eine Kiepe voll Kalk.
„Guter Mann, würdet Ihr wohl einem armen Jungen, der vor lauter Hunger schon gähnen muß, einen Soldo geben?"
„Gern! Komm mit mir und hilf mir Kalk tragen, und ich will dir statt eines Soldos fünf geben."
„Aber der Kalk ist schwer", erwiderte Pinocchio, „und ich mag mich nicht so anstrengen."
„Wenn du dich nicht anstrengen magst, mein Junge, dann gähne nur ruhig weiter! Wohl bekomm's!"
In einer knappen halben Stunde gingen noch zwanzig Menschen vorbei, und alle bat Pinocchio um eine milde Gabe. Aber alle antworteten ihm:
„Schämst du dich nicht? Statt auf der Straße herumzufaulen-

zen, geh lieber hin und such dir Arbeit und lerne, dir dein Brot zu verdienen!"
Schließlich kam eine hübsche junge Frau vorüber, die zwei Wasserkrüge trug.
„Gute Frau, erlaubt Ihr mir wohl, daß ich einen Schluck Wasser aus Eurem Krug trinke?" fragte Pinocchio, der vor brennendem Durst fast verging.
„Trink nur, mein Kind!" sagte die junge Frau und setzte die beiden Krüge zur Erde.
Als sich Pinocchio wie ein Schwamm vollgesogen hatte, murmelte er leise vor sich hin und wischte sich dabei den Mund ab:
„Meinen Durst hätte ich gestillt! Könnte ich doch nur noch meinen Hunger stillen! ..."
Als die gute junge Frau diese Worte hörte, sagte sie gleich:
„Wenn du mir hilfst, einen von diesen Wasserkrügen nach Hause zu tragen, will ich dir ein schönes Stück Brot geben."
Pinocchio schaute auf die beiden Krüge und sagte weder ja noch nein.
„Und zu dem Brot gebe ich dir noch einen Teller voll Blumenkohl, mit Essig und Öl zurechtgemacht", fügte die Frau hinzu.

Pinocchio warf wieder einen Blick auf den Krug und sagte weder ja noch nein.
„Und nach dem Blumenkohl gebe ich dir einen schönen Likörbonbon."
Den Verlockungen dieses Leckerbissens konnte Pinocchio nicht mehr widerstehen, und so sagte er kurzentschlossen: „Nun gut, ich will Euch den Krug nach Hause tragen!" Der Krug war sehr schwer, und da Pinocchio nicht die Kraft hatte, ihn mit den Händen zu tragen, mußte er ihn schließlich wohl oder übel auf den Kopf nehmen.
Als sie zu Hause angekommen waren, ließ die gute kleine Frau Pinocchio an einem gedeckten Tischchen Platz nehmen und stellte alles vor ihn hin: das Brot, den zurechtgemachten Blumenkohl und den Likörbonbon.
Pinocchio aß nicht, er schlang. Sein Magen schien so leer wie eine seit fünf Monaten leerstehende Stube.
Nachdem er seinen wütenden Hunger allmählich gestillt hatte, hob er den Kopf, um seiner Wohltäterin zu danken. Aber kaum hatte er ihr recht ins Gesicht geblickt, als er ein langes Ohhh ... höchster Verwunderung ausstieß und mit weitaufgerissenen Augen, die Gabel noch in der Luft und den Mund noch voller Brot und Blumenkohl, wie versteinert dasaß.
„Was ist es denn nur, das dich so sehr verwundert?" fragte lachend die junge Frau.
„Es ist nur ...", stammelte Pinocchio. „... Es ist ... Es ist ... Ihr ähnelt so sehr ... Ihr erinnert mich so ... Ja, ja, ja, die gleiche Stimme, die gleichen Augen, das gleiche Haar! Ja, ja, ja, auch Ihr habt blaues Haar ... Wie sie! ... O liebe, kleine Fee! ... O liebe, kleine Fee! Sagt mir, daß Ihr es seid, daß Ihr es wirklich seid, wirklich und wahrhaftig! Laßt mich nicht länger weinen! Wenn Ihr wüßtet! ... Ich habe so viel geweint, ich habe so viel Kummer gehabt!"
Tränen erstickten seine Stimme. Bitterlich weinend warf sich Pinocchio auf die Erde und umfaßte flehend die Knie der geheimnisvollen jungen Frau.

Fünfundzwanzigstes Kapitel

Pinocchio gibt der Fee das Versprechen, brav zu sein und zu lernen. Er hat es satt, eine Holzpuppe zu sein, und möchte ein ordentlicher Junge werden

Anfangs beteuerte die junge Frau noch, daß sie nicht die kleine Fee mit dem blauen Haar sei. Aber als sie sich dann entdeckt sah, wollte sie das Spiel nicht in die Länge ziehen. Sie gab sich schließlich zu erkennen und fragte Pinocchio:
„Du Schelm! Wie hast du nur gemerkt, daß ich es bin?"
„Ich habe Euch doch so lieb, mein Herz hat es mir gesagt."
„Erinnerst du dich noch? Ich war ein kleines Mädchen, als du mich verlassen hast. Nun hast du mich wiedergefunden, und ich bin eine Frau geworden; fast könnte ich deine Mutter sein."
„Oh, das gefällt mir sehr gut! Denn dann kann ich statt Schwesterlein Mütterchen zu Euch sagen! Ich habe mich schon so lange danach gesehnt, ein Mütterchen zu haben wie alle anderen Kinder. Aber wie habt Ihr das nur fertiggebracht, so schnell zu wachsen?"
„Das ist ein Geheimnis!"
„Oh, verratet es mir doch! Ich möchte auch ein wenig wachsen! Merkt Ihr denn nicht, daß ich immer noch derselbe Dreikäsehoch bin?"
„Aber du kannst doch auch gar nicht wachsen", entgegnete die Fee.
„Warum nicht?"
„Weil Holzpuppen nicht wachsen können. Sie kommen als Holzpuppen auf die Welt; sie leben als Holzpuppen und sterben als Holzpuppen."
„Oh, ich habe es satt, immer und immer nur eine Holzpuppe zu sein", rief Pinocchio und schlug sich vor den Kopf. „Es ist höchste Zeit, daß ich auch ein Mensch werde wie alle anderen!"
„Du wirst es auch werden, wenn du es dir ehrlich verdienst."
„Wirklich? Und was muß ich tun, um es zu verdienen?"
„Es ist ganz leicht! Du mußt dich nur daran gewöhnen, ein guter Junge zu sein!"

„Bin ich das vielleicht nicht?"
„Ganz und gar nicht! Ein guter Junge ist gehorsam, aber du..."
„Ich gehorche niemals."
„Gute Jungen lernen und arbeiten gern, aber du..."
„Ich bin ein Faulenzer und treibe mich herum, das ganze liebe Jahr lang."
„Gute Jungen sagen immer die Wahrheit..."
„Und ich immer nur die Unwahrheit..."
„Gute Jungen gehen gern zur Schule."
„Und mir macht die Schule Bauchweh. Aber von heute an will ich mich bessern."
„Versprichst du es mir?"
„Ich verspreche es. Ich möchte auch ein guter Junge werden und meinem Vater Freude machen ... Wo mag wohl mein armer Vater jetzt sein?"
„Ich weiß es nicht."
„Ob ich wohl jemals wieder das Glück habe, ihn zu sehen und ihn zu umarmen?"
„Ich glaube, ja; ich bin sogar sicher."
Pinocchios Freude über diese Antwort war so groß, daß er die Hände der Fee ergriff und sie mit Küssen bedeckte, und er küßte sie mit so viel Ungestüm, daß es schien, als sei er völlig außer sich geraten. Dann hob er den Kopf, sah sie liebevoll an und fragte:
„Sag mir, Mütterchen, es ist also gar nicht wahr, daß du tot bist?"
„Anscheinend nicht", gab die Fee lächelnd zur Antwort.
„Ach, wenn du wüßtest, wie sehr es mich geschmerzt und wie es mir die Kehle abgewürgt hat, als ich gelesen habe: ‚Hier ruht...'"
„Ich weiß, und darum habe ich dir auch verziehen. Dein Schmerz war so aufrichtig, und ich habe erkannt, daß du ein gutes Herz hast. Wenn Kinder ein gutes Herz haben — selbst wenn sie mitunter ein bißchen wild und schlecht erzogen sind —, dann ist noch nicht alles verloren. Man kann noch hoffen, daß sie wieder auf den rechten Weg zurückfinden. Deshalb habe ich dich auch gesucht und bin jetzt hier. Ich werde deine Mutter sein ..."
„Oh, wie schön!" rief Pinocchio und tanzte vor Freude.
„Du wirst mir gehorchen und immer tun, was ich dir sage."

„Gern, gern, gern!"
„Von morgen an", fuhr die Fee fort, „wirst du erst einmal zur Schule gehen."
Pinocchio wurde plötzlich stiller.
„Dann wählst du dir nach Belieben ein Handwerk oder sonst einen Beruf..."
Pinocchio wurde ernst.
„Was brummelst du da zwischen den Zähnen?" fragte die Fee ärgerlich.
„Ich meinte nur", murrte Pinocchio leise, „daß es doch wohl zu spät ist, jetzt noch zur Schule zu gehen."
„O nein, mein Freund! Es ist niemals zu spät, zu lernen und sich zu bilden! Denke daran, denke immer daran!"
„Aber ich mag kein Handwerk noch sonst einen Beruf..."
„Und warum?"
„Weil ich glaube, daß es sehr anstrengend ist zu arbeiten."
„Mein lieber Junge", sagte die Fee, „alle, die so sprechen, enden fast immer im Spital oder im Gefängnis. Und merke dir eins: Jeder Mensch auf dieser Welt, ob arm, ob reich, hat die Pflicht, etwas zu tun, sich zu beschäftigen, zu arbeiten. Wehe dem, der sich vom Müßiggang verführen läßt! Der Müßiggang ist eine sehr böse Krankheit, man muß sie heilen, solange man noch ein Kind ist. Wenn man erst älter geworden ist, dann läßt sie sich nicht mehr heilen."
Diese Worte rührten Pinocchio ans Herz. Er hob lebhaft den Kopf und sagte zur Fee:
„Ich werde lernen, ich werde arbeiten, und ich werde alles tun, was du mir sagst; denn schließlich habe ich es gründlich satt, als Holzpuppe zu leben. Ich will ein richtiger Junge werden, um jeden Preis. Du hast es mir doch versprochen, nicht wahr?"
„Ich habe es dir versprochen; jetzt liegt es nur an dir", gab ihm die gute Fee zur Antwort.

Sechsundzwanzigstes Kapitel

Pinocchio geht mit seinen Schulkameraden an das Ufer des Meeres, um den schrecklichen Walfisch zu sehen

Am Tage darauf ging Pinocchio zur Schule.

Stellt euch die Lausejungen vor, als sie eine Holzpuppe in die Schule kommen sahen! Es gab ein Gelächter, das gar nicht enden wollte. Der eine neckte ihn hier, der andere dort. Der zog ihm die Mütze vom Kopf, jener zog ihn hinten am Jäckchen; der eine versuchte, ihm mit Tinte einen großen Schnurrbart unter die Nase zu malen, und ein anderer getraute sich sogar, ihm Fäden an Hände und Füße zu binden, um ihn tanzen zu lassen.

Eine Weile sah sich Pinocchio das mit an, tat ganz unbefangen und hielt sich zurück.

Aber schließlich riß ihm doch die Geduld, und er wandte sich an diejenigen, die ihn am meisten stichelten und sich über ihn lustig machten, und sagte sehr entschlossen:

„Nehmt euch in acht, Jungs! Ich bin nicht hierhergekommen, um für euch den Hanswurst abzugeben. Ich achte andere und will selber auch geachtet werden!"

„Recht so! Du bist ja ein Teufelskerl! Kannst ja reden wie gedruckt!" grölten die Bengels durcheinander und brachen in tolles Gelächter aus; und einer von ihnen, der frechste, streckte die Hand aus und wollte Pinocchio bei der Nasenspitze fassen.

Aber es kam nicht dazu. Pinocchio streckte unter dem Tisch das Bein aus und versetzte ihm einen Tritt gegen das Schienbein.

„Au! Der hat aber harte Füße!" schrie der Junge auf und rieb sich den blauen Fleck, den Pinocchios Füße hinterlassen hatten.

„Und Ellenbogen! Die sind sogar noch härter als seine Füße!" rief ein anderer, der sich für seine groben Scherze einen Stoß mit dem Ellenbogen in den Magen eingehandelt hatte.

Eins steht fest: Nach diesem Fußtritt und diesem Ellenbogenstoß gewann Pinocchio sich sofort die Achtung und die Zuneigung aller Jungen in seiner Klasse, und alle waren nett und freundlich zu ihm und mochten ihn von Herzen gern.

Und auch der Lehrer war stolz auf ihn, weil er aufmerksam, fleißig und klug war, immer der erste in der Schule und der letzte draußen, wenn der Unterricht zu Ende war.

Sein einziger Fehler war, daß er mit allzu vielen Schulkameraden verkehrte, darunter mit vielen ausgemachten Taugenichtsen, die dafür bekannt waren, daß sie wenig Lust zum Lernen hatten und nicht viel auf sich hielten. Der Lehrer ermahnte ihn jeden Tag, und auch die gute Fee sagte ihm gewiß immer und immer wieder:

„Nimm dich in acht, Pinocchio! Früher oder später wird es noch einmal so weit kommen, daß deine schlechten Freunde dir alle Lust am Lernen nehmen und dich vielleicht sogar in großes Unglück stürzen."

„Da ist gar keine Gefahr!" erwiderte Pinocchio auf solche Vorhaltungen, zuckte mit den Achseln und tippte sich mit dem Zeigefinger an die Stirn, als wollte er sagen: ‚So dumm bin ich doch nicht!'...

Da geschah es eines schönen Tages, daß Pinocchio auf dem Weg zur Schule einem ganzen Haufen solcher Schulkameraden begegnete, die ihm entgegenliefen und ihm zuriefen:

„Weißt du schon das Allerneueste?"

„Nein."

„Gar nicht weit von hier schwimmt im Meer ein Walfisch, so groß wie ein Berg!"

„Wirklich? Ob das wohl der Walfisch von damals ist, als mein armer Vater ertrank?"

„Wir gehen jetzt an den Strand, um ihn uns anzusehen. Kommst du auch mit?"

„Ich? Nein! Ich gehe in die Schule."

„Was geht dich denn die Schule an? Zur Schule gehen wir morgen! Ob eine Stunde mehr oder weniger, man bleibt doch immer derselbe Esel!"

„Und was wird der Lehrer dazu sagen?"

„Laß den Lehrer doch reden! Er wird ja dafür bezahlt, daß er den ganzen Tag herumbrummt!"

„Und meine Mutter?"...

„Mütter kriegen nie etwas zu erfahren!" erwiderten die Taugenichtse.

„Wißt ihr, was ich tue?" sagte Pinocchio. „Den Walfisch will ich mir ansehen, ich habe da meine besonderen Gründe, aber ich werde ihn mir nach der Schule ansehen."

„Armer Irrer!“ versetzte einer aus dem Rudel. „Glaubst du vielleicht, ein so großer Walfisch bleibt da und wartet, bis es dir paßt? Sobald der sich langweilt, schwimmt er woanders hin, und fort ist er auf Nimmerwiedersehen.“
„Wie weit ist es bis zum Strand?“ fragte Pinocchio.
„In einer Stunde sind wir hin und wieder zurück.“
„Also, dann los! Und wer am schnellsten rennt, ist der Beste!“ schrie Pinocchio.
Das war das Signal zum Aufbruch. Bücher und Hefte unter den Arm geklemmt, rannte der ganze Haufe los, immer querfeldein, und Pinocchio allen voraus, es war, als hätte er Flügel an den Füßen.
Dann und wann drehte er sich um und machte sich lustig über seine Kameraden, die ein ganz schönes Stück zurückgeblieben waren. Und wie er sie so heranhasten sah, keuchend und staubbedeckt, ganz außer Atem und mit hängenden Zungen, da lachte er sie von ganzem Herzen aus. Der Unglückselige ahnte in diesem Augenblick nicht, wieviel Ängste und wieviel schreckliches Ungemach ihm bevorstanden ...

Siebenundzwanzigstes Kapitel

Große Prügelei zwischen Pinocchio und seinen Kameraden, von denen einer verletzt am Strand liegenbleibt. Pinocchio wird von Gendarmen abgeführt

Als Pinocchio am Strand angelangt war, ließ er sogleich seine Blicke weit über das Meer schweifen.
Aber er sah keinen Walfisch. Das Meer lag ganz glatt da wie ein riesiger Kristallspiegel.
„Und wo ist euer Walfisch?“ fragte er, an seine Kameraden gewandt.
„Er wird frühstücken gegangen sein!“ antwortete einer von ihnen und lachte.
„Oder er wird sich ins Bett gelegt haben, um ein Nickerchen zu machen“, setzte ein anderer hinzu und lachte noch lauter.

An diesen albernen Antworten und dem hämischen Gelächter merkte Pinocchio, daß seine Kameraden ihm einen üblen Streich gespielt und ihn an der Nase herumgeführt hatten. Darüber ärgerte er sich und fuhr sie zornig an:
„Was soll das? Warum habt ihr mir so ohne Sinn und Verstand dieses Märchen vom Walfisch aufgebunden?“
„Oh, das hat schon seinen Sinn!“ antworteten die Taugenichtse wie aus einem Mund.
„Und der wäre?“
„Du solltest einmal die Schule schwänzen und mit uns kommen! Schämst du dich eigentlich nicht, alle Tage so pünktlich zu sein und so eifrig im Unterricht? Schämst du dich gar nicht, so fleißig zu lernen, wie du das tust?“
„Und wenn ich lerne, was geht euch das an?“
„Das geht uns sehr viel an! Du bist schuld, daß wir vor dem Lehrer schlecht dastehen!“
„Und warum?“
„Weil fleißige Schüler immer solche wie uns blamieren! Wir haben keine Lust zum Lernen, aber wir wollen uns auch nicht blamieren! Auch wir haben unseren Stolz!“
„Was soll ich also tun, damit ihr zufrieden seid?“
„Auch du sollst endlich einmal die Schule gründlich satt haben, die Schule, den Unterricht und den Lehrer! Denn das sind unsere drei großen Feinde!“
„Und wenn ich weiterlernen will?“
„Dann sehen wir dich nicht mehr an, und bei der ersten besten Gelegenheit werden wir es dir schon heimzahlen!...“
„Wahrhaftig, da könnte man beinahe lachen!“ sagte Pinocchio kopfschüttelnd.
„Oho! Pinocchio!“ schrie der größte der Jungen und sprang ihm fast ins Gesicht. „Komm uns nur nicht so! Gib hier nicht so an und plustere dich nur nicht so auf! Du hast keine Angst vor uns, schön! Aber wir haben auch keine vor dir! Denk daran, du bist allein, und wir sind sieben!“
„Sieben! Wie die sieben Todsünden!“ rief Pinocchio und brach in schallendes Gelächter aus.
„Habt ihr das gehört? Er hat uns alle beleidigt! Er hat uns die sieben Todsünden genannt!“
„Pinocchio! Auf der Stelle wirst du dich bei uns entschuldigen, oder — sonst wehe dir!“
„Fällt mir gar nicht ein!“ rief Pinocchio und drehte ihnen

spöttisch eine lange Nase.
„Pinocchio! Das geht übel für dich aus!"
„Fällt mir gar nicht ein!"
„Wir prügeln dich windelweich!"
„Fällt mir gar nicht ein!"
„Du kommst mit eingeschlagener Nase nach Hause!"
„Fällt mir gar nicht ein!"
„Da hast du dein ‚fällt mir gar nicht ein'!" schrie der Frechste unter den Taugenichtsen und versetzte Pinocchio einen Faustschlag an den Kopf. „Nimm das inzwischen als Anzahlung und heb es dir zum Abendessen auf!"
Aber nun folgte, wie man zu sagen pflegt, Schlag auf Schlag; denn auch Pinocchio war nicht faul und schlug sofort mit der Faust zurück. Und von einem Augenblick zum anderen war eine allgemeine und erbitterte Prügelei im Gange.
Pinocchio, obwohl er ganz allein stand, verteidigte sich wie ein Held. Mit seinen Füßen aus eisenhartem Holz arbeitete er so gründlich, daß er seine Feinde immer in gebührendem Abstand hielt. Wohin immer seine Füße trafen, da hinterließen sie einen blauen Fleck als Andenken.
Da griffen die Jungen, verärgert darüber, daß sie sich mit Pinocchio nicht Körper an Körper messen konnten, schließlich zu Wurfgeschossen. Sie öffneten ihre Ranzen und schleuderten ihre Bücher nach ihm: ihre Fibeln, die Sprachlehre und die Rechenbücher, ihre Lesebücher und ganze Bände mit Erzählungen und alles, was sie sonst noch an Schulbüchern bei sich trugen.
Aber Pinocchio hatte flinke Augen und war gewitzt. Er duckte sich immer rechtzeitig, so daß die Bücher alle über seinen Kopf hinwegflogen und ins Meer fielen.
Stellt euch die Fische vor! Die Fische, die glaubten, daß Bücher etwas zum Fressen wären, kamen in Schwärmen herbei und streckten die Köpfe aus dem Wasser. Aber nachdem sie ein paar Seiten oder ein Titelblatt angeknappert hatten, spuckten sie es wieder aus und verzogen das Maul auf eine Art, als wollten sie sagen:
‚Das ist nichts für uns! Wir sind an sehr viel besseres Futter gewöhnt!'
Unterdessen wurde die Prügelei immer wilder und erbitterter. Da rief plötzlich ein dicker Krebs, der aus dem Wasser gestiegen und ganz langsam und bedächtig auf den Strand hin-

aufgeklettert war, mit einer heiseren Stimme, die wie eine erkältete Trompete klang:
„Hört ihr wohl sofort auf, ihr Lausebengel, denn was anderes seid ihr nicht! Diese Raufereien nehmen selten ein gutes Ende! Da gibt es zuletzt immer ein Unglück!"
Armer Krebs! Es war, als hätte er in den Wind geredet. Sogar der Schlingel Pinocchio blickte sich kurz um, sah ihn scheel an und sagte grob:
„Schweig still, du langweiliger Krebs! Du tätest besser daran, ein paar Hustenpastillen zu lutschen, damit du deine Erkältung los wirst! Geh lieber ins Bett und versuch zu schwitzen!"
In der Zwischenzeit war den Jungen, die schon keine eigenen Bücher mehr zum Werfen hatten, der Ranzen Pinocchios in die Augen gefallen, der ganz in der Nähe lag, und im Nu hatten sie ihn an sich gerissen. Unter diesen Büchern fand sich eines, in festen Karton gebunden und mit Rücken und Ecken aus Pergament. Es war eine „Abhandlung über die Zahlenlehre".
Ihr könnt euch vorstellen, wie schwer die war!
Einer der Bengel ergriff diesen Band, zielte auf Pinocchios Kopf und schleuderte die „Abhandlung über die Zahlenlehre" mit aller Kraft, die seine Arme hergaben. Aber statt Pinocchio zu treffen, traf er einen seiner Kameraden am Kopf. Der wurde weiß wie ein Leinentuch und konnte nur noch stammeln:
„Mama! ... Hilfe! ... Ich sterbe! ..."
Dann sank er zu Boden und lag der Länge nach auf dem Ufersand.
Beim Anblick des vermeintlich Toten rannten die entsetzten Jungen in wilder Flucht davon und waren schon in wenigen Minuten nicht mehr zu sehen.
Pinocchio aber blieb stehen, und obwohl auch er vor Kummer und Angst mehr tot als lebendig war, lief er doch ans Meer hinunter, tauchte sein Taschentuch ins Wasser und kühlte seinem armen Schulkameraden die Schläfen. Dabei weinte er bitterlich, rief ihn voller Verzweiflung beim Namen und flehte:
„Eugen! ... Mein armer Eugen! ... Mach doch die Augen auf und sieh mich an! Warum antwortest du mir nicht? Ich bin es nicht gewesen, der dir so weh getan hat! Glaub es mir, ich

bin es nicht gewesen! Mach doch die Augen auf, Eugen! Wenn du immer die Augen zuhältst, sterbe ich auch noch! O mein Gott! Wie kann ich denn jetzt noch nach Hause gehen? Wo soll ich den Mut hernehmen, meiner guten Mutter unter die Augen zu treten? Was soll aus mir werden? Wohin soll ich nur fliehen? Wo kann ich mich verstecken? ... Oh, wieviel besser wäre es gewesen, tausendmal besser, wenn ich zur Schule gegangen wäre! Warum habe ich nur auf diese Kameraden gehört, die mein Unglück sind! Und der Lehrer hat es mir gesagt! ... Und meine Mutter hat mich immer wieder gewarnt: ‚Hüte dich vor schlechten Kameraden!' Aber ich bin ein Starrkopf und ein Dickschädel ... Ich lasse sie alle reden und tue doch immer, was ich will! Und nachher muß ich es büßen ... Und darum habe ich, seit ich auf der Welt bin, noch nicht eine einzige ruhige Stunde gehabt! ... Mein Gott! Was soll aus mir werden? Was soll aus mir werden? ..."

Und Pinocchio weinte und heulte, hämmerte sich mit den Fäusten vor den Kopf und rief immer wieder den Namen des armen Eugen.

Da hörte er ganz plötzlich das dumpfe Geräusch von Schritten, die näher kamen.

Er drehte sich um; es waren zwei Gendarmen.

„Was machst du da an der Erde?" fragten sie Pinocchio.

„Ich helfe meinem Schulkameraden."

„Ist ihm schlecht geworden?"

„Es scheint so!"

„Dem ist nicht nur schlecht!" sagte einer der Gendarmen, der sich gebückt hatte und Eugen aus der Nähe betrachtete. „Der Junge ist an der Schläfe verletzt. Wer hat das getan?"

„Ich nicht", stammelte Pinocchio, der keine Kraft mehr im Leibe hatte.

„Wenn du es also nicht gewesen bist, wer war es dann?"

„Ich nicht", wiederholte Pinocchio nur.

„Und womit ist er verletzt worden?"

„Mit diesem Buch." Und Pinocchio hob die in Karton und Pergament gebundene „Abhandlung über die Zahlenlehre" von der Erde auf und zeigte sie dem Gendarmen.

„Und wem gehört dieses Buch?"

„Mir."

„Das genügt! Mehr brauchen wir nicht. Steh sofort auf und komm mit uns!"

„Aber ich..."
„Los, komm mit!"
„Aber ich bin unschuldig..."
„Los, komm mit!"
Bevor sie gingen, riefen die Gendarmen einige Fischer an, die gerade in diesem Augenblick mit ihrem Boot nahe am Strand vorüberfuhren, und sagten zu ihnen:
„Wir geben diesen kleinen Jungen hier in eure Obhut. Er ist am Kopf verletzt. Nehmt ihn mit nach Hause und pflegt ihn. Morgen kommen wir zurück und sehen nach ihm."
Dann wandten sie sich wieder Pinocchio zu, nahmen ihn in ihre Mitte und sagten barsch:
„Vorwärts! Und ein bißchen schnell! Sonst setzt es was!"
Ohne es sich noch einmal sagen zu lassen, machte sich Pinocchio auf den kleinen Fußweg, der ins Dorf führte. Aber der arme Kerl wußte selbst nicht mehr, in welcher Welt er eigentlich lebte. Alles erschien ihm wie ein Traum, aber was war das für ein wüster Traum! Er war ganz außer sich, seine Augen sahen alles doppelt, seine Beine zitterten, die Zunge klebte ihm am Gaumen, und er konnte kein einziges Wort mehr herausbringen.
Und dennoch, in all seiner Benommenheit und Bestürzung stach unserem Pinocchio der Gedanke, zwischen zwei bewaffneten Gendarmen unter den Fenstern seiner guten Fee vorbeigehen zu müssen, wie ein scharfer Dorn ins Herz.
Lieber wäre er gestorben.
Sie waren schon angelangt und wollten eben in das Dorf hineingehen, als ein heftiger Windstoß Pinocchio das Mützchen vom Kopf riß und es zehn Schritt weit fortwehte.
„Erlauben Sie", sagte Pinocchio zu den Gendarmen, „daß ich mein Mützchen wieder hole?"
„Geh schon, aber beeil dich ein bißchen!"
Pinocchio ging hin und hob das Mützchen auf; aber statt es auf den Kopf zu setzen, nahm er es zwischen die Zähne, und dann rannte er im vollen Lauf zum Strand hinunter. Weg war er, wie aus der Pistole geschossen.
Die Gendarmen, die einsahen, daß es schwierig sein würde, ihn einzuholen, hetzten einen großen Schäferhund hinter ihm her, der in allen Hunderennen den ersten Preis gewonnen hatte. Pinocchio rannte, und der Hund rannte noch schneller. Daher hingen die Leute aus allen Fenstern und drängten sich

mitten auf der Straße, neugierig, wie dieser Wettlauf wohl ausgehen würde. Aber sie kamen um ihr Vergnügen, denn der Schäferhund und Pinocchio wirbelten so viel Staub auf der Straße auf, daß schon nach wenigen Minuten überhaupt nichts mehr zu sehen war.

Achtundzwanzigstes Kapitel

Pinocchio läuft Gefahr, wie ein Fisch in der Pfanne gebraten zu werden

Während dieses verzweifelten Wettrennens gab es einen schrecklichen Augenblick, einen Augenblick, da Pinocchio sich schon verloren glaubte. Das war, als Alidoro — so hieß der Hund, der schneller war als Pinocchio — ihn beinahe erreicht hatte.

Es genügt wohl zu sagen, daß Pinocchio schon das schwere Keuchen des furchtbaren Tieres hörte, das ihm dicht auf den Fersen war, und schon seinen heißen Atem im Nacken spürte.

Zum guten Glück war der Strand nun schon nah, und nur wenige Schritte entfernt sah man das Meer.

Kaum war er am Strand, da machte Pinocchio einen herrlichen Sprung, ein Frosch hätte es nicht besser gekonnt, und landete mitten im Wasser. Alidoro wollte anhalten, aber er wurde von seinem eigenen Schwung mitgerissen und stürzte ebenfalls ins Meer. Und der unglückselige Hund konnte nicht schwimmen! Er zappelte gleich mit den Beinen, um sich an der Oberfläche zu halten, aber je mehr er zappelte, desto tiefer geriet er mit dem Kopf unter Wasser.

Als er wieder einmal mit dem Kopf auftauchte, hatte der arme Hund ganz entsetzte und verdrehte Augen und bellte kläglich:

„Ich ertrinke! Ich ertrinke!"

„Ertrink doch!" antwortete von weitem Pinocchio, der sich nun außer Gefahr sah.

„Hilf mir doch, lieber Pinocchio! Rette mich vor dem Tode!"

Bei diesem herzzerreißenden Rufen wurde Pinocchio, der im Grunde ein gutes Herz hatte, von Mitleid ergriffen. Er wandte sich nach dem Hund um und rief zurück:
„Wenn ich dir jetzt zu Hilfe komme, versprichst du mir dann, mich in Ruhe zu lassen und nicht mehr hinter mir her zu rennen?"
„Ich verspreche es dir! Ich verspreche es dir! Nur, um alles in der Welt, beeile dich, denn wenn du noch eine halbe Minute verlierst, dann bin ich mausetot!"
Pinocchio zögerte noch, aber dann fiel ihm ein, daß sein Vater ihm so oft gesagt hatte, man dürfe eine Gelegenheit, Gutes zu tun, nie vorübergehen lassen; und er schwamm zu Alidoro hinüber, griff ihn mit beiden Händen beim Schwanz und zog ihn wohlbehalten aufs trockene Ufer. Der arme Hund konnte sich nicht mehr auf den Beinen halten. Er hatte, sehr unfreiwillig, so viel Salzwasser geschluckt, daß er aufgeblasen war wie ein riesiger Luftballon.
Doch Pinocchio wollte auch nicht allzu vertrauensselig sein und hielt es für klüger, wieder ins Meer zu tauchen. Er schwamm vom Ufer fort und rief dem geretteten Freund zu:
„Auf Wiedersehen, Alidoro! Gute Heimkehr und viele Grüße zu Haus!"
„Auf Wiedersehen, Pinocchio", antwortete der Hund, „und tausend Dank, daß du mich vom Tode errettet hast! Du hast mir einen großen Dienst erwiesen und: Wie du mir, so ich dir! Das ist so in dieser Welt! Bei Gelegenheit sehen wir uns wieder!"
Pinocchio schwamm weiter und hielt sich immer in der Nähe der Küste. Endlich glaubte er, einen sicheren Ort gefunden zu haben. Er warf einen Blick über den Strand und entdeckte in den Uferfelsen eine Art Grotte, aus der eine lange Rauchfahne aufstieg.
„In dieser Grotte", dachte er bei sich, „muß ein Feuer brennen. Um so besser, da kann ich mich wieder trocknen und mich aufwärmen. Und dann? Nun, und dann mag kommen was will!"
Nachdem er diesen Entschluß gefaßt hatte, schwamm er auf die Felsenriffe zu. Aber als er eben im Begriff war, hinaufzuklettern, spürte er, wie etwas mit ihm höher und höher und höher stieg und ihn mit sich in die Luft hob. Er versuchte sofort, zu entkommen, aber es war schon zu spät, denn zu

seiner größten Verwunderung fand er sich in ein großes Netz eingeschlossen, mitten in einem Gewimmel von Fischen jeder Art und Größe, die mit den Schwänzen um sich schlugen und verzweifelt zappelten.
Gleichzeitig sah er aus der Grotte einen Fischer herauskommen, der so häßlich war, so schrecklich häßlich, daß er ihm wie ein Meeresungeheuer erschien. An Stelle der Haare wuchs ihm ein dichtes Büschel grünen Seetangs auf dem Kopf, grün war auch seine Haut, grün waren die Augen, grün der sehr lange Bart, der ihm bis auf die Erde reichte. Er sah aus wie eine grüne Rieseneidechse, die aufrecht auf den Hinterfüßen steht.
Als der Fischer das Netz aus dem Meer gezogen hatte, rief er hochbefriedigt:
„Gott sei Dank! Auch heute kann ich mich wieder mit Fischen vollstopfen."
„Ein Glück, daß ich kein Fisch bin!" dachte Pinocchio bei sich und faßte wieder ein bißchen Mut.
Das Netz voller Fische wurde in die Grotte hineingezogen, in eine dunkle, verräucherte Grotte, in deren Mitte eine große Pfanne voll Öl brutzelte, das einen starken Trangeruch verbreitete, der einem förmlich den Atem benahm.
„Nun wollen wir doch einmal nachsehen, was für Fische wir heute gefangen haben", sagte der grüne Fischer. Er langte ins Netz mit seiner Riesenhand, die so groß wie eine Brotschaufel war, und zog eine Hand voll Seebarben heraus.
„Gut, diese Seebarben!" sagte er und betrachtete und beroch sie mit Wohlgefallen. Und nachdem er sie berochen hatte, warf er sie in ein großes Gefäß ohne Wasser.
Dann wiederholte er dasselbe Verfahren noch einige Male. Nach und nach schaufelte er die Fische heraus und merkte dabei, wie ihm schon das Wasser im Munde zusammenlief, und frohlockend rief er:
„Gut, diese Schellfische!"
„Ausgezeichnet, diese Meeräschen!"
„Köstlich, diese Seezungen!"
„Hervorragend, diese Seebarsche!"
„Allerliebst, diese Sardellen mit den kleinen Köpfen!"
Ihr könnt euch vorstellen, daß diese Schellfische, Meeräschen, Seezungen, Seebarsche und Sardellen alle miteinander in das große Gefäß wanderten, um den Seebarben Gesellschaft zu leisten.

Der letzte, der im Netz blieb, war Pinocchio.
Kaum hatte der Fischer ihn hervorgeholt, da riß er vor Erstaunen seine großen grünen Augen auf und rief beinahe erschrocken:
„Was ist denn das für eine Sorte Fisch? Ich kann mich nicht erinnern, jemals einen solchen Fisch gegessen zu haben!"
Und er betrachtete ihn noch einmal aufmerksam, und als er ihn ganz genau und von allen Seiten betrachtet hatte, sagte er schließlich:
„Ah, ich weiß schon! Es muß ein Seekrebs sein."
Da war Pinocchio tief gekränkt, daß er mit einem Seekrebs verwechselt wurde, und er rief zornig:
„Was heißt hier Krebs oder nicht Krebs! Wie behandeln Sie mich überhaupt? Und damit Sie es wissen, ich bin eine Marionette!"
„Eine Marionette?" erwiderte der Fischer. „Wahrhaftig, ein Marionetten-Fisch ist für mich ein ganz neuartiger Fisch! Um so besser! Da werde ich dich noch lieber verspeisen!"
„Mich aufessen? Aber begreifen Sie denn nicht, daß ich gar kein Fisch bin? Und hören Sie denn nicht, daß ich sprechen kann wie Sie und vernünftig rede wie Sie?"
„Das ist sehr wahr!" entgegnete der Fischer. „Und da ich sehe, daß du ein Fisch bist, der das Glück hat, sprechen und vernünftig reden zu können wie ich, so werde ich dich auch mit der schuldigen Rücksicht behandeln."
„Und wie sieht diese Rücksicht aus?"
„Zum Zeichen meiner Freundschaft und besonderen Wertschätzung lasse ich dir die Wahl, wie du zubereitet werden möchtest. Wünschst du, in der Pfanne gebraten zu werden, oder soll ich dich im Tiegel in Tomatensauce schmoren?"
„Um ganz ehrlich zu sein", antwortete Pinocchio, „wenn ich die Wahl haben soll, dann möchte ich lieber freigelassen werden, damit ich wieder nach Hause gehen kann."
„Du scherzest wohl! Glaubst du wirklich, ich lasse mir die Gelegenheit entgehen, einen so seltenen Fisch zu kosten? Es kommt nicht alle Tage vor, daß ich einen Holzpuppenfisch hier aus dem Meer hole. Aber laß mich nur machen! Ich werde dich mit allen anderen Fischen zusammen in der Pfanne braten. In Gesellschaft gebraten zu werden, ist immer ein Trost!"
Der unglückselige Pinocchio fing bei dieser Ankündigung an zu weinen, zu schreien und zu jammern, und heulend rief er:

„Wieviel besser wäre es doch gewesen, wenn ich zur Schule gegangen wäre! Ich habe auf meine Kameraden gehört, und jetzt muß ich es büßen! Huh, huh, huh!..." Und weil er sich wie ein Aal hin und her wand und unglaubliche Anstrengungen machte, um den Klauen des grünen Fischers zu entschlüpfen, nahm dieser eine ordentliche Binsenschnur und band Pinocchio wie eine Wurst an Händen und Füßen zusammen und warf ihn in den Topf zu den Fischen.

Dann holte er einen großen Holzteller mit Mehl, machte sich daran, alle Fische mit Mehl zu bestäuben.

Und wenn der grüne Fischer sie so paniert hatte, warf er sie nach und nach zum Braten in die Pfanne.

Die ersten, die zum Tanzen ins siedende Öl geschickt wurden, waren die armen Schellfische.

Dann kamen die Seebarsche dran, dann die Meeräschen, dann die Seezungen, und dann die Sardellen — und zum Schluß war Pinocchio an der Reihe. Der sah den Tod vor Augen, und was für einen gräßlichen Tod!

Und er zitterte so sehr vor Angst und Entsetzen, daß er weder Stimme noch Kraft hatte, um Gnade zu flehen.

Der arme Junge flehte nur mit den Augen! Aber der grüne Fischer kümmerte sich überhaupt nicht darum. Er wälzte ihn fünf- oder sechsmal im Mehl herum und panierte ihn so gut, daß er von Kopf bis Fuß ganz weiß war und aussah wie eine Gipspuppe.

Dann packte er ihn beim Kopf und...

Pinocchio kehrt ins Haus der Fee zurück, die ihm verspricht, daß er am nächsten Tag keine Holzpuppe mehr sein wird, sondern ein richtiger Junge. Ein Fest mit Milchkaffee wird beschlossen, um das große Ereignis zu feiern

In dem Augenblick, da der Fischer Pinocchio eben in die Pfanne werfen wollte, erschien in der Grotte ein großer Hund, den der starke und leckere Duft nach Gebratenem herbeigelockt hatte.

„Mach dich fort!" schrie drohend der Fischer, der immer noch den panierten Pinocchio in der Hand hielt.

Aber der arme Hund hatte Hunger für vier, und winselnd und schwanzwedelnd schien er zu sagen:

„Gib mir einen Bissen Gebratenes ab, und ich lasse dich in Frieden!"

„Mach dich fort, sag' ich dir!" wiederholte der Fischer und streckte das Bein vor, um ihm einen Fußtritt zu versetzen.

Da wandte sich der Hund, der nicht mit sich spaßen ließ, wenn er wirklich Hunger hatte, gegen den Fischer, fletschte knurrend die Zähne und zeigte ihm sein schreckliches Gebiß.

In diesem Augenblick hörte man in der Grotte ein ganz schwaches Stimmchen, das piepste:

„Rette mich, Alidoro! Wenn du mich nicht rettest, werde ich gebraten!"

Der Hund erkannte sofort die Stimme Pinocchios, und zu seinem größten Erstaunen entdeckte er, daß das Stimmchen aus jenem Mehlbündel kam, das der Fischer in der Hand hielt.

Was tat er also! Er machte einen großen Satz, sprang hoch, schnappte mit dem Maul das Mehlbündel, hielt es behutsam mit den Zähnen fest, rannte aus der Grotte und war wie der Blitz davon.

Der Fischer, voller Wut darüber, daß man ihm einen Fisch vor der Nase weggeschnappt hatte, den er gar zu gern gegessen hätte, versuchte, hinter dem Hund herzulaufen. Aber schon

nach ein paar Schritten bekam er einen Hustenanfall und mußte wieder umkehren.
Inzwischen hatte Alidoro schon den Fußweg erreicht, der zum Dorf führte. Er blieb stehen und setzte seinen Freund Pinocchio ganz vorsichtig zu Boden.
„Wie soll ich dir danken!" sagte Pinocchio.
„Das brauchst du nicht", antwortete der Hund. „Du hast mich gerettet und: Wie du mir, so ich dir. Man weiß doch, in dieser Welt müssen alle einander helfen."
„Aber wie bist du denn nur in die Grotte gekommen?"
„Ich lag immer noch mehr tot als lebendig am Strand, als mir der Wind von fern den Duft von Gebratenem in die Nase wehte. Dieser Geruch machte mir Appetit, und ich bin ihm nachgelaufen. Wenn ich nur eine Minute später gekommen wäre! ..."
„Sprich nicht davon!" rief Pinocchio, der immer noch vor Angst zitterte. „Sprich nicht davon! Wenn du nur eine Minute später gekommen wärst, dann wäre ich jetzt schon fertiggebraten, aufgegessen und verdaut. Brrr! ... Mich schaudert, wenn ich nur daran denke! ..."
Alidoro streckte lachend Pinocchio seine rechte Vorderpfote entgegen. Der drückte sie ganz fest zum Zeichen großer Freundschaft, und dann trennten sie sich.
Der Hund lief nach Hause, und Pinocchio, als er wieder allein war, ging auf eine Hütte zu, die ganz in der Nähe war, und fragte einen alten Mann, der vor der Türe saß und sich in der Sonne wärmte:
„Sagt, guter Mann, wißt Ihr nichts von einem armen Jungen, der am Kopf verletzt wurde und der Eugen hieß?"
„Ein paar Fischer haben den Jungen hier in die Hütte getragen und jetzt ..."
„Jetzt ist er schon tot!" unterbrach ihn Pinocchio, ganz bekümmert und traurig.
„Nein, er lebt und ist schon wieder zu Hause."
„Wirklich und wahrhaftig?" schrie Pinocchio und hüpfte vor Freude. „Dann war also die Wunde gar nicht gefährlich?"
„Aber sie hätte gefährlich ausfallen können und sogar tödlich", antwortete der Alte, „denn sie haben ihm ein schweres, in dicke Pappe eingebundenes Buch an den Kopf geworfen."
„Und wer hat das Buch geworfen?"
„Einer seiner Schulkameraden, ein gewisser Pinocchio."

„Und wer ist dieser Pinocchio?“ fragte unser hölzernes Männlein und stellte sich dumm.
„Man sagt, er sei ein schlimmer Junge, ein Herumtreiber, ein wirklich gefährlicher Bursche...“
„Verleumdung, alles Verleumdung!“
„Kennst du diesen Pinocchio?“
„Vom Sehen!“
„Und welchen Eindruck hast du von ihm?“
„Mir scheint er ein sehr ordentlicher und lieber Junge zu sein. Er lernt sehr fleißig, ist gehorsam und hängt sehr an seinem Vater und an seiner Familie.“
Während Pinocchio so, ohne mit der Wimper zu zucken, alle diese Lügen herunterhaspelte, faßte er zufällig an seine Nase und merkte, daß sie um mehr als eine Spanne länger geworden war. Da rief er voller Angst:
„Guter Mann, glaubt ja nicht all die schönen Sachen, die ich Euch da erzählt habe! Ich kenne Pinocchio sehr gut und kann Euch versichern, daß er wirklich ein ganz schlimmer Junge ist, ungehorsam und faul. Anstatt zur Schule zu gehen, treibt er sich mit seinen Kameraden herum und läßt sich auf Raufereien ein!“
Kaum hatte er das gesagt, da schrumpfte die Nase wieder zusammen, wurde immer kürzer und bekam schließlich ihre natürliche Größe wieder und sah aus wie zuvor.
„Und warum bist du so weiß?“ fragte unvermittelt der Alte.
„Ich werde es Euch sagen... Ohne es zu merken bin ich an einer Mauer vorbeigestreift, die frisch geweißt war“, antwortete Pinocchio, weil er sich schämte, einzugestehen, daß man ihn paniert hatte wie einen Fisch, um ihn in der Pfanne zu braten.
„Und was hast du mit deinen Hosen, deinem Jäckchen und deiner Mütze gemacht?“
„Unterwegs bin ich Räubern begegnet, die haben mich ausgeplündert. Sagt, guter Mann, hättet Ihr nicht zufällig irgendein Kleidungsstück, das Ihr mir geben könntet, damit ich wieder nach Hause gehen kann?“
„Mein lieber Junge, Kleider kann ich dir keine geben, aber ich habe da ein kleines Säckchen, in dem ich Lupinen aufbewahre. Wenn du das haben willst, nimm es dir, da drüben liegt es.“
Pinocchio ließ sich das nicht zweimal sagen. Er nahm gleich das leere Lupinensäckchen, schnitt mit der Schere oben ein

kleines Loch und zwei Löcher an den Seiten hinein und zog es über wie ein Hemd. Und als er sich so wenigstens notdürftig bekleidet hatte, machte er sich auf den Weg ins Dorf.

Aber unterwegs war ihm durchaus nicht wohl zumute. Soviel ist sicher, er machte immer zwei Schritte vor und einen zurück, und die ganze Zeit überlegte er bei sich und sagte:

„Wie fang' ich es nur an, meiner guten Fee unter die Augen zu treten? Was wird sie sagen, wenn sie mich sieht? ... Wird sie mir auch diesen zweiten Dummejungenstreich verzeihen? ... Ich wette, sie verzeiht ihn mir nicht! ... Ach, sicher verzeiht sie ihn mir nicht! ... Und es ist meine Schuld! Warum bin ich auch so ein Taugenichts, der immer verspricht, sich zu bessern, und dann niemals sein Versprechen hält!"

Als er ins Dorf kam, war es schon dunkle Nacht. Und weil es schlechtes Wetter war und der Regen in Strömen herunterrauschte, ging er geradewegs auf das Haus der Fee zu, fest entschlossen, an die Tür zu klopfen und sich öffnen zu lassen.

Als er dann aber vor dem Haus stand, fühlte er, wie ihm der Mut schwand, und statt anzuklopfen, lief er wieder fort. Ein zweites Mal kam er bis dicht vor die Türe — und konnte sich dann doch nicht entschließen. Er näherte sich zum dritten Male, und wieder geschah nichts. Beim vierten Male endlich nahm er zitternd und bebend den eisernen Türklopfer in die Hand und pochte ganz leise und zaghaft an die Tür. Er wartete eine lange Weile. Nach einer halben Stunde öffnete sich schließlich ein Fenster im obersten Stockwerk (das Haus hatte vier Stockwerke), und Pinocchio sah, wie eine große Schnecke, die ein brennendes Lichtchen auf dem Kopf trug, sich hinausbeugte und zu ihm herunterrief:

„Wer ist da so spät noch?"

„Ist die Fee zu Hause?" fragte Pinocchio.

„Die Fee schläft und will nicht geweckt werden! Wer bist du denn?"

„Ich bin's!"

„Wer ist ich?"

„Pinocchio!"

„Wer ist Pinocchio?"

„Die Holzpuppe, die bei der Fee wohnt!"

„Aha! Ich weiß schon!" sagte die Schnecke. „Warte dort unten auf mich, ich komme sofort hinunter und öffne dir!"

„Beeilt Euch aber, ich bitte Euch! Ich sterbe vor Kälte!"
„Mein liebes Kind, ich bin eine Schnecke, und Schnecken haben es nie eilig!"
Es verging eine Stunde, es vergingen zwei Stunden, und die Tür wurde nicht geöffnet.
Daher faßte sich Pinocchio, der vor Kälte, vor Angst und vor Nässe zitterte, ein Herz und klopfte noch einmal an die Tür, und diesmal klopfte er kräftiger.
Auf dieses zweite Klopfen öffnete sich ein Fenster im dritten Stock, und wieder schaute die Schnecke heraus. „Liebstes Schneckchen", rief Pinocchio von der Straße herauf, „ich warte nun schon zwei Stunden! Und zwei Stunden werden einem bei diesem bösen Wetter länger als zwei Jahre. Beeilt Euch doch, ich bitte Euch!"
„Mein liebes Kind", antwortete ihm vom Fenster her das Tierchen in aller Seelenruhe, „mein liebes Kind, ich bin eine Schnecke, und Schnecken haben es nie eilig."
Und das Fenster wurde wieder geschlossen.
Wenig später schlug es Mitternacht, dann ein Uhr, dann zwei Uhr, und die Tür war immer noch geschlossen.
Da verlor Pinocchio die Geduld. Wütend packte er den Türklopfer, um mit einem gewaltigen Schlag das ganze Haus erdröhnen zu lassen. Aber der eiserne Türklopfer wurde plötzlich ein lebendiger Aal, der ihm aus den Händen schlüpfte und auf der Straße im Rinnstein verschwand.
„Ah, so ist das?" schrie Pinocchio, der immer mehr in Wut geriet. „Wenn der Türklopfer verschwunden ist, dann werde ich eben mit Fußtritten weiter anklopfen!"
Er ging einen Schritt zurück, nahm einen kleinen Anlauf und trat mit voller Wucht gegen die Tür.
Der Stoß war so kräftig geführt, daß Pinocchios Fuß zur Hälfte im Holz steckenblieb. Pinocchio versuchte, ihn wieder herauszuziehen; aber das war vergebliche Liebesmüh. Der Fuß saß so fest wie ein gut festgeklopfter Nagel.
Stellt euch den armen Pinocchio vor!
So mußte er nun den ganzen Rest der Nacht zubringen, mit einem Fuß auf der Erde und mit dem anderen in der Luft hängend.
Frühmorgens bei Tagesanbruch öffnete sich endlich die Tür.
Die tüchtige kleine Schnecke hatte nur neun Stunden gebraucht, um vom vierten Stock bis zur Haustür herunter-

zukommen, und man muß schon sagen, sie war auch ordentlich ins Schwitzen gekommen.
„Was machst du denn mit dem Fuß da in der Tür?“ fragte sie Pinocchio lachend.
„Es war ein Unfall. Seht doch zu, liebes Schneckchen, ob Ihr mich nicht aus dieser scheußlichen Lage befreien könnt!“
„Mein liebes Kind, dazu braucht man einen Schreiner, und ich habe noch nie als Schreiner gearbeitet.“
„Bittet die Fee in meinem Namen!“
„Die Fee schläft und will nicht geweckt werden.“
„Aber was soll ich denn machen! Soll ich denn den ganzen Tag an dieser Tür angenagelt bleiben?“
„Vertreibe dir die Zeit damit, die Ameisen zu zählen, die auf der Straße vorbeilaufen!“
„Bringt mir wenigstens etwas zu essen, ich bin ganz erschöpft.“
„Sofort!“ sagte die Schnecke.
Tatsächlich sah Pinocchio sie nach dreieinhalb Stunden mit einem silbernen Tablett auf dem Kopf zurückkommen. Auf dem Tablett lagen ein Brot, ein gebratenes Huhn und vier reife Aprikosen.
„Hier ist das Frühstück, das dir die Fee schickt“, sagte die Schnecke.
Beim Anblick dieser Gottesgabe fühlte sich Pinocchio wieder ganz getröstet. Aber wie groß war seine Enttäuschung, als er essen wollte und merken mußte, daß das Brot aus Gips war, das Brathuhn aus Pappe und die vier Aprikosen aus ganz naturgetreu eingefärbtem Alabaster!
Er wollte losheulen, er wollte sich der Verzweiflung hingeben, er wollte das Tablett mit allem, was darauf war, weit von sich schleudern. Er kam nicht dazu. War es nun der große Kummer oder die große Leere im Magen, jedenfalls fiel er ohnmächtig zu Boden.
Als er wieder zu sich kam, fand er sich auf einem Sofa liegen, und die Fee saß neben ihm.
„Auch dieses Mal will ich dir noch verzeihen“, sprach die Fee. „Aber wehe dir, wenn du mir noch ein einziges Mal einen von deinen bösen Streichen spielst!“
Pinocchio versprach und schwur hoch und heilig, daß er fleißig lernen und sich immer gut betragen würde. Und den ganzen Rest des Jahres über hielt er sein Wort. Bei den Prüfungen vor

1+2
=3
A
BC

den großen Ferien war er auch wirklich der Beste in der Schule, und sein Verhalten wurde allgemein als so lobenswert und zufriedenstellend beurteilt, daß die Fee ganz glücklich zu ihm sagte:
„Morgen soll endlich dein Wunsch in Erfüllung gehen!“
„Welcher Wunsch?“
„Von morgen ab wirst du keine Holzpuppe mehr sein, sondern du wirst ein richtiger kleiner Junge werden.“
Wer die Freude Pinocchios bei dieser Nachricht, die er so sehr herbeigesehnt hatte, nicht erlebt hat, wird sie sich nie richtig vorstellen können. Alle seine Freunde und Schulkameraden sollten für den nächsten Tag zu einem Schmaus im Haus der Fee eingeladen werden, um mit ihm gemeinsam das große Ereignis zu feiern. Und die Fee hatte zweihundert Tassen Milchkaffee vorbereiten lassen und vierhundert Brötchen, die von beiden Seiten mit Butter bestrichen waren.
Dieser Tag versprach wunderschön und sehr fröhlich zu werden, aber...
Unglückseligerweise gibt es im Leben der Holzpuppen immer ein Aber, das alles wieder verdirbt.

Dreißigstes Kapitel

Statt ein richtiger Junge zu werden, macht sich Pinocchio mit seinem Freunde Docht heimlich auf ins Spielzeugland

Natürlich bat Pinocchio sogleich die Fee um die Erlaubnis, die Einladungen selbst überall austragen zu dürfen, und die Fee willigte ein und sagte zu ihm:
„Geh nur und lade deine Kameraden zum Fest auf morgen ein, aber denk daran, daß du wieder zu Hause sein mußt, ehe es dunkel wird. Hast du verstanden?“
„In einer Stunde bin ich gut und gerne wieder zurück, ich verspreche es dir“, sagte Pinocchio.
„Sieh dich vor, Pinocchio! Kinder versprechen sehr schnell etwas, aber wenn es darum geht, ein Versprechen zu halten...“

„Aber ich bin nicht so wie die anderen! Wenn ich etwas verspreche, halte ich es auch!“
„Wir werden ja sehen. Jedenfalls, wenn du nicht gehorchst, um so schlimmer für dich!“
„Und warum?“
„Weil Kinder, wenn sie nicht auf die Ratschläge derjenigen hören, die klüger sind als sie, immer in irgendein Unglück hineinrennen!“
„Das habe ich am eigenen Leibe erfahren“, gab Pinocchio zu, „aber jetzt kommt das nicht mehr vor!“
„Wir werden ja sehen, ob du die Wahrheit sprichst.“
Ohne noch ein Wort hinzuzufügen, verabschiedete sich Pinocchio von seiner guten Fee, die ihm wie eine Mutter war, und trällernd und hüpfend verließ er das Haus.
In wenig mehr als einer Stunde hatte er alle seine Freunde eingeladen. Einige nahmen gleich aus vollem Herzen an, andere ließen sich zuerst ein wenig bitten; aber als sie dann erfuhren, daß die Brötchen zum Milchkaffee auch von außen gebuttert waren, sagten sie schließlich alle:
„Wir werden auch kommen, um dir eine Freude zu machen.“
Nun muß man wissen, daß Pinocchio unter seinen Freunden und Schulkameraden einen Lieblingsfreund hatte, den er allen anderen vorzog. Er hieß Romeo, aber alle nannten ihn nur bei seinem Spitznamen Docht, weil er lang und hager und spindeldürr war, genauso wie ein neuer Docht in einem Nachtlichtchen.
Docht war der faulste und nichtsnutzigste Junge in der ganzen Schule, aber Pinocchio mochte ihn schrecklich gern. Wirklich ging er auch sofort, um ihn zu Hause aufzusuchen und ihn zum Fest einzuladen. Aber Docht war nicht da. Pinocchio kam zum zweiten Mal, und Docht war wieder nicht zu Hause; er kam ein drittes Mal zurück und hatte wieder den Weg umsonst gemacht.
Wo konnte er ihn nur auffischen? Er suchte ihn hier, er suchte ihn dort, er suchte ihn überall. Schließlich sah er ihn, unter dem Vorbau eines Bauernhauses versteckt.
„Was machst du denn dort?“ fragte Pinocchio und ging auf ihn zu.
„Ich warte, bis es Mitternacht wird, dann will ich fortgehen...“
„Wo gehst du denn hin?“

„Weit, weit fort!"
„Und ich bin dreimal bei dir zu Hause gewesen und habe dich gesucht!"
„Was wolltest du denn von mir?"
„Weißt du denn noch nichts von dem großen Ereignis? Weißt du gar nichts von meinem großen Glück?"
„Was für ein Glück denn?"
„Morgen höre ich auf, eine Holzpuppe zu sein, und werde ein richtiger Junge, wie du und alle anderen!"
„Wohl bekomm's dir!"
„Morgen erwarte ich dich also bei mir zum Kaffee."
„Aber ich sage dir doch, daß ich heute abend noch fortgehe!"
„Und wann?"
„Um Mitternacht."
„Und wohin gehst du?"
„Ich gehe in ein Land, das das schönste Land der ganzen Welt ist, ein richtiges Schlaraffenland!..."
„Und wie heißt das Land?"
„Es heißt Spielzeugland. Warum kommst du nicht auch mit?"
„Ich? Nein, wirklich nicht!"
„Daran tust du unrecht, Pinocchio! Glaub mir, du wirst es bereuen, wenn du nicht mitkommst! Wo willst du noch ein Land finden, das für uns Jungen schöner sein könnte? Dort gibt es keine Schulen, dort gibt es keine Lehrer, dort gibt es keine Bücher! In diesem gesegneten Land braucht man nie zu lernen. Donnerstags ist schulfrei, und jede Woche setzt sich aus sechs Donnerstagen und einem Sonntag zusammen. Stell dir vor, die Ferien beginnen mit dem 1. Januar und enden mit dem 31. Dezember! Das ist ein Land ganz nach meinem Herzen! So müßte es in allen Ländern sein!"
„Aber wie bringt man denn die Tage im Spielzeugland hin?"
„Man spielt und ist vergnügt vom Morgen bis zum Abend. Abends geht man dann zu Bett, und am nächsten Morgen beginnt man wieder von vorn. Wie gefällt dir das?"
„Hm!" machte Pinocchio und wiegte den Kopf, als wollte er sagen: ‚Das ist ein Leben! So ein Leben möchte ich auch gern führen!'
„Willst du also mit mir zusammen fortgehen? Ja oder nein? Entschließe dich!"

„Nein, nein, nein und nochmals nein! Nun habe ich meiner guten Fee schon versprochen, ein ordentlicher Junge zu werden, und ich will mein Versprechen halten. Ich sehe übrigens, daß die Sonne schon untergeht. So will ich dich gleich verlassen und nach Hause laufen. Also leb wohl und gute Reise!"
„Wo läufst du denn so eilig hin?"
„Nach Hause. Die gute Fee will, daß ich zurück bin, ehe es dunkel wird."
„Warte noch zwei Minuten!"
„Ich komme zu spät!"
„Nur noch zwei Minuten!"
„Und wenn die Fee mich schilt?"
„Laß sie doch schelten! Wenn sie genug gescholten hat, wird sie sich schon wieder beruhigen!" sagte Docht, der Tunichtgut.
„Und wie ist das nun, gehst du allein fort, oder hast du Gesellschaft?"
„Allein? Wir werden mehr als hundert Jungen sein!"
„Und macht ihr die Reise etwa zu Fuß?"
„Um Mitternacht wird der Wagen hier vorbeikommen, der uns abholt und uns über die Grenze dieses glücklichen Landes bringt."
„Was gäbe ich drum, wenn es jetzt schon Mitternacht wäre!"
„Warum?"
„Dann könnte ich euch alle miteinander abfahren sehen."
„Bleib noch ein bißchen hier, dann wirst du es sehen!"
„Nein, nein, ich will nach Hause!"
„Warte noch zwei Minuten!"
„Ich habe mich schon zu lange aufgehalten, die Fee wird sich schon Sorgen um mich machen!"
„Die arme Fee! Vielleicht hat sie Angst, die Fledermäuse könnten dich fressen?"
„Dann bist du also ganz sicher", fügte Pinocchio hinzu, „daß es in diesem Land gar keine Schulen gibt?"
„Nicht einmal im Traum!"
„Und auch keine Lehrer?"
„Nicht einen einzigen!"
„Und man braucht niemals zu lernen?"
„Niemals, niemals, niemals!"
„Was für ein schönes Land!" sagte Pinocchio und fühlte, wie

er schwach zu werden drohte. „Was für ein schönes Land! Ich bin niemals dort gewesen, aber ich kann es mir gut vorstellen!“
„Warum kommst du nicht auch mit?“
„Gib dir gar keine Mühe, mich führst du nicht in Versuchung! Nun habe ich meiner guten Fee schon versprochen, ein vernünftiger Junge zu werden, und ich will mein Wort nicht brechen.“
„Also dann leb wohl und grüß mir auch schön alle Schulen, die an deinem Wege stehen!“
„Leb wohl, Docht! Gute Reise und viel Vergnügen, und denk manchmal an deine Freunde!“
Nachdem er das gesagt hatte, machte Pinocchio ein paar Schritte, als wollte er fortgehen.
Dann blieb er wieder stehen, wandte sich nach seinem Freund um und fragte ihn:
„Und du bist wirklich sicher, daß in diesem Land alle Wochen aus sechs Donnerstagen und einem Sonntag bestehen?“
„Ganz sicher!“
„Und weißt du auch gewiß, daß die Ferien mit dem 1. Januar beginnen und mit dem 31. Dezember enden?“
„Ganz gewiß!“
„Was für ein schönes Land!“ sagte Pinocchio noch einmal und spuckte vor lauter Begeisterung auf die Erde.
Dann faßte er sich ein Herz und setzte entschlossen und eilig hinzu:
„Also dann, zum letzten Male, leb wohl und gute Reise!“
„Leb wohl!“
„Wann fahrt ihr?“
„In zwei Stunden.“
„Schade, wenn es nur noch eine Stunde bis zur Abfahrt wäre, dann könnte ich mich beinahe entschließen, noch zu warten.“
„Und deine Fee?...“
„Nun habe ich mich ohnehin schon verspätet, und ob ich eine Stunde früher oder später zu Hause bin, darauf kommt es jetzt auch nicht mehr an!“
„Armer Pinocchio! Und wenn die Fee mit dir schilt?“
„Na, wenn schon! Ich werde sie schelten lassen, und wenn sie genug gescholten hat, wird sie sich schon wieder beruhigen.“
Unterdessen war es schon Nacht geworden, und eine finstere Nacht dazu.

Da sahen sie plötzlich, wie sich in der Ferne ein Lichtlein bewegte, und hörten den Klang von Glöckchen und den Schall von Trompeten, aber so leise und fein, daß es sich fast anhörte wie Mückengesumm.
„Das ist er!" rief Docht und sprang auf die Füße.
„Wer?" fragte leise Pinocchio.
„Der Wagen, der mich abholt. Also willst du nun mitkommen? Ja oder nein?"
„Aber ist es auch gewiß wahr", fragte Pinocchio, „daß in diesem Land die Kinder niemals lernen müssen?"
„Nie, nie, niemals!"
„Was für ein schönes Land! Was für ein schönes Land! Was für ein schönes Land!"

Einunddreißigstes Kapitel

Nach fünf Monaten Schlaraffenland merkt Pinocchio zu seiner großen Verwunderung, wie ihm ein Paar prächtige Eselsohren wachsen und er ein Eselchen wird mit Schwanz und allem, was dazu gehört

Endlich kam der Wagen, und er kam ganz geräuschlos angefahren, weil seine Räder mit Werg und Lumpen umwickelt waren.
Gezogen wurde er von zwölf kleinen Eselsgespannen. Alle Eselchen hatten dieselbe Größe, waren aber verschieden im Fell.
Einige waren grau, andere waren weiß, und wieder andere waren braun und grau gesprenkelt, und dann gab es gestreifte mit breiten gelben und blauen Streifen auf dem Rücken.
Aber das sonderbarste war, daß diese zwölf Gespanne, also alle diese vierundzwanzig Eselchen, nicht mit Hufeisen beschlagen waren wie alle anderen Zug- und Lasttiere, sondern richtige Stiefelchen aus hellem Rindleder, wie auch Menschen sie tragen, an den Füßen hatten.
Und der Kutscher des Wagens?
Stellt euch ein Männlein vor, mehr breit als hoch, weich und

fettig wie eine Butterkugel, mit einem Gesichtchen wie ein rotbäckiges Äpfelchen, mit einem Mündchen, das immer lachte, und einem Stimmchen, so zart und einschmeichelnd wie das Schnurren eines Katers, der um das Herz der Hausfrau buhlt.

Alle Kinder waren in ihn verliebt, sobald sie ihn nur sahen, und kletterten um die Wette auf seinen Wagen, um sich von ihm in das wahre Schlaraffenland bringen zu lassen, das auf der Landkarte unter dem verlockenden Namen Spielzeugland verzeichnet ist.

Tatsächlich war der Wagen schon ganz voll mit Kindern im Alter zwischen acht und zwölf Jahren, die eng aneinandergepreßt waren wie die Heringe in der Tonne. Sie standen sehr unbequem, sie standen eng zusammengedrängt und konnten kaum atmen, aber keiner sagte auch nur ‚au', keiner beklagte sich. Die Freude darüber, zu wissen, daß man in wenigen Stunden in einem Land sein würde, wo es keine Bücher, keine Schulen und keine Lehrer gab, machte sie alle glücklich und zufrieden. Sie spürten weder Unbequemlichkeit noch Anstrengung, weder Hunger noch Durst, noch Müdigkeit.

Kaum hatte der Wagen angehalten, da wandte sich das Männlein an Docht und fragte ihn lächelnd, indem er komische Fratzen schnitt und sich immerzu verbeugte:

„Sag, mein hübscher Junge, willst du auch mitkommen in das glückliche Land?"

„Sicher will ich mitkommen!"

„Aber ich sag' dir gleich, mein kleiner Liebling, daß drin im Wagen kein Platz mehr ist. Wie du siehst, ist alles besetzt."

„Das macht nichts", erwiderte Docht, „wenn drinnen kein Platz mehr ist, dann werde ich mich eben auf die Deichsel setzen." Und er machte einen Satz und setzte sich rücklings auf die Deichsel.

„Und du, mein Sohn", sagte das Männlein und wandte sich artig an Pinocchio, „was willst du tun? Kommst du auch mit uns, oder bleibst du hier?"

„Ich bleibe hier", antwortete Pinocchio, „ich will wieder nach Hause gehen, ich will lernen und in der Schule Ehre einlegen, wie alle ordentlichen Jungen das tun."

„Wohl bekomm's!"

„Pinocchio", sagte Docht darauf, „höre auf mich, komm mit uns, wir werden ein lustiges Leben führen!"

„Nein, nein, nein!"
„Komm mit uns, wir werden ein lustiges Leben führen!" schrien noch ein paar andere Stimmen aus dem Innern des Wagens.
„Was würde meine gute Fee sagen, wenn ich mit euch ginge?" wandte Pinocchio ein, der anfing, weich zu werden.
Aber sein Einwand klang nur noch schwach, und seine guten Vorsätze schwanden langsam dahin.
„Komm mit uns, wir werden ein lustiges Leben führen!" schrien wohl an die hundert Stimmen aus dem Innern des Wagens.

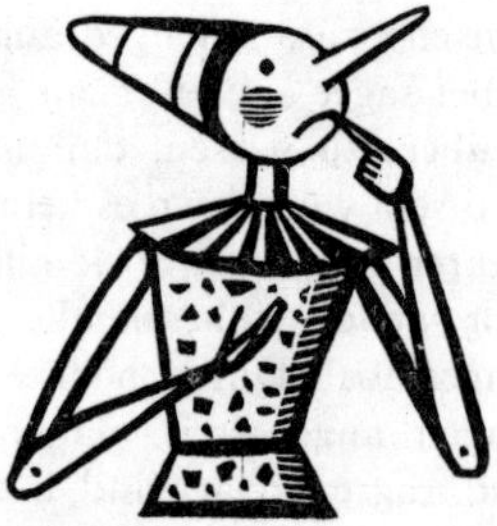

„Zerbrich dir nicht den Kopf, und blase nicht Trübsal! Denk lieber daran, daß wir in ein Land fahren, wo wir vom Morgen bis zum Abend endlich tun und lassen können, was wir wollen und was uns Spaß macht!"
Pinocchio antwortete nicht, aber er stieß einen tiefen Seufzer aus, dann einen zweiten und noch einen dritten Seufzer, und schließlich sagte er:
„Rückt ein wenig zusammen, ich will auch mitkommen!"
„Die Plätze sind alle besetzt", entgegnete das Männlein, „aber damit du siehst, wie sehr du uns willkommen bist, will ich dir meinen Sitz auf dem Kutschbock abtreten."
„Und Ihr?"
„Ich werde zu Fuß gehen."
„Nein wirklich, das erlaube ich nicht. Lieber will ich auf dem Rücken eines Eselchens hier reiten!" rief Pinocchio.
Gesagt, getan. Er trat zu dem Eselchen rechts im ersten

Gespann und wollte aufsteigen; aber das Tierchen drehte sich nur kurz um und stieß ihm mit dem Maul so kräftig in den Magen, daß er hinschlug und mit den Beinen in der Luft zappelte.

Stellt euch das schallende, freche und unbändige Gelächter all der Kinder vor, die diesem Schauspiel beiwohnten!

Das kleine Männlein aber lachte nicht. Scheinbar liebevoll ging er zu dem aufsässigen Eselchen hin, tat, als wollte er ihm einen Kuß geben, und biß ihm das rechte Ohr zur Hälfte ab.

Unterdessen hatte sich Pinocchio wütend wieder erhoben und schwang sich mit einem einzigen Satz auf den Rücken des armen Tieres. Und dieser Sprung war so gekonnt und prächtig, daß die Kinder sofort aufhörten zu lachen und schrien:

„Es lebe Pinocchio!“ Dabei klatschten sie laut in die Hände und überschütteten ihn mit endlosem Beifall. Da erhob das Eselchen plötzlich beide Hinterbeine, schlug kräftig aus und schleuderte den armen Pinocchio kopfüber auf die Straße, mitten auf einen Kieshaufen.

Wieder gab es ein unbändiges Gelächter.

Aber der kleine Mann lachte nicht. Er tat, als würde er von großer Zärtlichkeit für das widerspenstige kleine Eselchen ergriffen und statt zu lachen, biß er ihm fein säuberlich auch die Hälfte des anderen Ohres ab. Dann sagte er zu Pinocchio:

„Steig nur ruhig wieder auf und hab keine Angst! Das Eselchen hatte nur ein paar Grillen im Kopf. Aber ich habe ihm zwei Wörtchen ins Ohr geflüstert, und ich denke, die haben es wieder zahm und vernünftig gemacht.“

Pinocchio stieg auf. Der Wagen fuhr langsam an. Aber während die Eselchen galoppierten und der Wagen über das Kopfsteinpflaster der Hauptstraße dahinrollte, schien es Pinocchio, als höre er eine leise, kaum wahrnehmbare Stimme, die zu ihm sprach:

„Du armer Einfaltspinsel! Du hast deinen Kopf durchsetzen wollen, aber du wirst es bereuen!“

Pinocchio, der es beinahe mit der Angst bekam, blickte um sich, schaute hierhin und dorthin, um zu entdecken, woher diese Stimme wohl gekommen sein mochte.

Aber er sah niemanden. Die Eselchen galoppierten, der Wagen rollte, die Kinder im Wagen schliefen, Docht auf seiner

Deichsel schnarchte wie ein Siebenschläfer, und das Männchen auf dem Kutschbock trällerte vor sich hin:

„Alle schlafen in der Nacht,
doch ich, ich schlafe nie…"

Als sie wieder einen halben Kilometer so dahingefahren waren, hörte Pinocchio dasselbe leise Stimmchen, das zu ihm sprach:

„Merk es dir, du kleiner Dummkopf! Kinder, die das Lernen aufgeben und den Büchern, der Schule und den Lehrern den Rücken drehen, um nur noch zu spielen und ihrem Vergnügen nachzugehen, die können nur ein schlimmes Ende nehmen! Ich habe es am eigenen Leibe erfahren! Ich kann dir ein Lied davon singen! Es wird ein Tag kommen, da wirst auch du weinen, wie ich heute weine… Aber dann wird es zu spät sein!…"

Bei diesen leise geflüsterten Worten erschrak Pinocchio sehr. Er sprang vom Rücken seines Reittieres herunter, trat an das Eselchen heran und faßt nach seinem Maul. Denkt euch, wie ihm zumute war, als er merkte, daß sein Eselchen weinte… und ganz so weinte wie ein Kind!

„He, Herr Kutscher", rief Pinocchio dem Männlein zu. „Wißt Ihr schon das Neueste? Dieses Eselchen hier weint ja!"

„Laß es weinen, es wird schon wieder lachen, wenn es heiratet!"

„Dann habt Ihr ihm vielleicht auch das Sprechen beigebracht?"

„Nein, es hat von selbst gelernt, ein paar Worte zu stammeln, als es drei Jahre mit dressierten Hunden zusammen war."

„Armes Tier!"

„Komm, komm!" sagte das Männlein. „Verlieren wir nicht unsere Zeit damit, einem Esel beim Weinen zuzusehen! Steig wieder auf, wir wollen weiterfahren. Die Nacht ist kühl, und der Weg ist weit!"

Pinocchio gehorchte, ohne ein Wörtchen zu sagen. Der Wagen setzte sich wieder in Bewegung, und als früh der Morgen graute, erreichten sie glücklich das Spielzeugland.

Dieses Land glich keinem anderen Land der Welt. Seine Bevölkerung bestand ausschließlich aus Kindern. Die ältesten waren vierzehn Jahre alt, die jüngsten kaum acht. In den Straßen herrschten Fröhlichkeit, Lärmen und ein Geschrei, daß einem Hören und Sehen verging. Überall Scharen von ausgelassenen Kindern. Sie spielten mit Nüssen und flachen Steinchen. Sie spielten Ball, fuhren Rad, ritten auf Holzpferdchen, sie spielten Blindekuh und Greifen, sie hatten sich als Spaßmacher verkleidet und aßen brennendes Werg; sie rezitierten, sangen, schlugen Purzelbäume, liefen zum Spaß mit den Händen auf der Erde und streckten die Beine in die Luft. Der trieb seinen Kuller-Reifen an, jener spazierte wie ein General umher, mit einem Papierhelm auf dem Kopf, und kommandierte eine Schwadron Pappsoldaten. Sie lachten, grölten, schrien, klatschten in die Hände, pfiffen oder gakkerten wie ein Huhn, wenn es ein Ei gelegt hat. Kurzum, es war ein solcher Heidenlärm, ein solches Geschnatter und ein solcher Höllenspektakel, daß man sich Watte in die Ohren stopfen mußte, um nicht taub zu werden. Auf allen Plätzen sah man kleine Theaterzelte, die von morgens bis abends voller Kinder waren, und auf allen Hauswänden konnte man, mit Kohle angeschrieben, die schönsten Dinge lesen wie diese: „Es leben die Spülsachen!“ (statt Spielsachen); „Wir wollen keine Schuhlen mehr!“ (statt „Wir wollen keine Schulen mehr!“); „Nieder mit dem Rechen!“ (statt Rechnen) und andere ähnliche Entgleisungen mehr.

Pinocchio, Docht und die anderen Kinder, die die Reise mit dem Männlein gemacht hatten, stürzten sich, sobald sie auch nur den Fuß in die Stadt gesetzt hatten, gleich mitten in das Getümmel hinein, und wie man sich leicht vorstellen kann, waren sie in wenigen Minuten mit allen dick freund. Wer war glücklicher, wer war zufriedener als sie?

Bei Spiel und Spaß und ununterbrochenen abwechslungsreichen Vergnügungen vergingen die Stunden, die Tage und die Wochen wie im Fluge.

„Oh, was für ein schönes Leben!“ sagte Pinocchio jedesmal, wenn er zufällig mit Docht zusammentraf.

„Siehst du jetzt ein, daß ich recht hatte?“ gab der andere immer wieder zurück. „Und du wolltest gar nicht mitkommen! Wenn ich denke, daß du dir in den Kopf gesetzt hattest, wieder nach Hause zu gehen, zu deiner Fee, um deine Zeit mit Lernen zu verlieren! Wenn du heute die langweiligen Bücher und die Schule los bist, dann verdankst du das meinen Ratschlägen! Gibst du das zu? Nur wirkliche Freunde erweisen einem so große Dienste!“

„Das ist wahr, Docht! Wenn ich heute ein wirklich vergnügter

Junge bin, dann ist das ganz allein dein Verdienst. Und weißt du, was mir dagegen der Lehrer sagte, als er von dir sprach? Er sagte mir immer:
‚Laß dich nicht mit Docht ein, diesem Schlingel, denn Docht ist ein schlechter Freund, der kann dir nur schlimme Ratschläge geben!'" ...
„Der arme Lehrer!" versetzte der andere und schüttelte den Kopf. „Ich weiß leider, daß er immer etwas gegen mich hatte und daß es ihm immer Spaß machte, schlecht von mir zu reden. Aber ich bin großmütig und verzeihe ihm."
„Du hast ein edles Herz!" rief Pinocchio, umarmte zärtlich den Freund und gab ihm einen Kuß auf die Augen. Fünf Monate dauerte nun schon dieses herrliche Schlaraffenleben, in dem die Tage vergingen mit Spiel und Spaß in Hülle und Fülle, ohne daß man jemals ein Buch oder gar eine Schule zu Gesicht bekam.
Da erwachte Pinocchio eines schönen Morgens und erlebte, wie man so zu sagen pflegt, eine böse Überraschung, die ihm die Laune gründlich verdarb.

Zweiunddreißigstes Kapitel

Pinocchio wachsen Eselsohren. Er wird ein richtiges Eselchen und schreit iah — iah

Und was war das für eine Überraschung?
Ich will es euch verraten, liebe kleine Leser. Die Überraschung war die: Als Pinocchio erwachte, wollte er sich wie gewöhnlich am Kopf kratzen, und als er sich am Kopf kratzte, bemerkte er...
Ratet mal, was er da wohl bemerkte?
Er merkte zu seiner größten Verwunderung, daß seine Ohren um mehr als eine Spanne gewachsen waren.
Ihr wißt doch, daß Pinocchio von Geburt an ganz, ganz winzig kleine Ohren hatte, so klein, daß man sie mit bloßem Auge nicht einmal sehen konnte!
Stellt euch also vor, was er wohl für ein Gesicht machte, als er bemerken mußte, daß seine Ohren während der Nacht so lang geworden waren wie zwei Staubwedel.

Er ging sofort auf die Suche nach einem Spiegel, um sich zu betrachten, und spiegelte sich darin. Da erblickte er, was er lieber nie erblickt hätte: Er sah nämlich sein eigenes Bild, verschönt durch ein Paar prächtige Eselsohren.
Ihr müßt euch schon selbst den Kummer, die Scham und die Verzweiflung des armen Pinocchio ausdenken. Er fing an zu weinen, zu schreien und mit dem Kopf gegen die Wand zu rennen; aber je verzweifelter er sich gebärdete, desto länger wurden seine Ohren. Sie wuchsen und wuchsen und bedeckten sich mit weichem Fell.
Auf sein Lärmen und Schreien hin kam ein reizendes Murmeltierchen, das ein Stockwerk über ihm wohnte, ins Zimmer geschlüpft. Das fragte, als es Pinocchio in seiner Wut rasen sah, eilfertig:
„Was hast du denn, lieber Nachbar?“
„Ich bin krank, liebes Murmeltierchen, sehr krank... Und ich habe eine Krankheit, die mir große Angst macht. Verstehst du dich darauf, den Puls zu fühlen?“
„Ein wenig.“
„Dann fühle doch bitte nach, ob ich vielleicht Fieber habe!“
Das Murmeltierchen hob die rechte Vorderpfote und fühlte Pinocchio den Puls. Dann sagte es seufzend:
„Lieber Freund, es tut mir sehr leid, daß ich dir eine schlimme Mitteilung machen muß.“
„Was ist denn los?“
„Du hast ein ganz schlimmes Fieber!...“
„Und was ist das für ein Fieber?“
„Das Eselsfieber!“
„Ich verstehe nicht, was das für ein Fieber sein könnte!“ antwortete Pinocchio, der nur allzu gut verstanden hatte.
„Dann will ich es dir erklären“, fügte das Murmeltierchen hinzu. „Du mußt nämlich wissen, daß du in zwei oder drei Stunden keine Marionette und auch kein Junge mehr sein wirst...“
„Was denn sonst?...“
„In zwei oder drei Stunden wirst du ein richtiges, echtes Eselchen werden, so eins, das man vor den Wagen spannt und das Kohl und Salat zum Markt bringt.“
„Ach, ich Ärmster, ich Ärmster!“ schrie Pinocchio, packte mit beiden Händen seine Ohren und riß und zerrte so wütend daran, als wären es nicht seine eigenen, sondern fremde Ohren.

„Mein Lieber", versuchte ihn das Murmeltier zu trösten. „Was willst du machen? Nun ist es geschehen. Denn in den Büchern der Weisheit steht geschrieben, daß alle faulen Kinder, die nichts von Büchern, Schulen und Lehrern wissen wollen und ihre Tage nur mit Spiel und Spaß und Vergnügen hinbringen, sich schließlich früher oder später in lauter kleine Eselchen verwandeln müssen."

„Wahrhaftig? Ist das wirklich so?" fragte Pinocchio schluchzend.

„Leider ist es so! Und jetzt hilft das Weinen nicht mehr. Das hättest du dir früher überlegen sollen!"

„Aber ich hab' ja gar keine Schuld, glaub es mir, Murmeltierchen! Die Schuld hat ganz allein Docht!"

„Und wer ist dieser Docht?"

„Ein Schulkamerad. Ich wollte nach Hause gehen, ich wollte gehorsam sein, ich wollte weiterlernen und Ehre einlegen... Aber Docht sagte zu mir:

‚Warum willst du dir die Mühe machen zu lernen? Komm lieber mit mir ins Spielzeugland, da brauchen wir nichts zu lernen, da haben wir von morgens bis abends unseren Spaß und werden ein lustiges Leben führen!'"

„Und warum hast du auf den Rat dieses falschen Freundes gehört? Warum bist du deinem schlimmen Kameraden gefolgt?"

„Warum?... Ach, liebes Murmeltierchen, weil ich eine Holzpuppe bin ohne Herz und ohne Verstand. Ach, hätte ich nur ein kleines bißchen Herz gehabt, dann würde ich meine liebe gute Fee, die mich liebt wie eine Mutter und alles für mich getan hat, niemals verlassen haben! Und dann wäre ich jetzt auch keine Holzpuppe mehr, sondern ein richtiger, ordentlicher Junge, wie es so viele gibt!... Ach!... Aber wehe, wenn ich Docht treffe! Der kann sich auf was gefaßt machen, dem will ich gehörig die Meinung sagen!"

Und er wollte aus dem Zimmer gehen. Aber als er schon an der Tür stand, fiel ihm ein, daß er ja Eselsohren hatte, und da er sich schämte, sie öffentlich zur Schau zu stellen... Was machte er da?

Er nahm eine lange Mütze aus Baumwolle und zog sie über den Kopf bis an die Nasenspitze herunter.

Dann ging er und machte sich auf die Suche nach Docht. Er suchte ihn auf den Straßen, auf den Plätzen, in den Theatern, überall; aber er konnte ihn nicht finden. Er fragte jeden nach ihm, den er unterwegs traf, aber niemand hatte ihn gesehen. Da suchte er ihn schließlich zu Hause auf und klopfte an seine Tür.

„Wer ist da?“ fragte Docht von drinnen.

„Ich bin es!“ antwortete Pinocchio.

„Warte einen Augenblick, ich mache dir auf!“

Nach einer halben Stunde öffnete sich die Tür. Und nun stellt euch das Gesicht Pinocchios vor, als er ins Zimmer trat und sah, daß auch sein Freund Docht sich eine lange Mütze aus Baumwolle über den Kopf gestülpt und bis an die Nasenspitze heruntergezogen hatte!

„Beim Anblick dieser Mütze fühlte sich Pinocchio gleich ein wenig getröstet und dachte im stillen bei sich:

„Ob wohl mein Freund an derselben Krankheit leidet? Ob er wohl auch das Eselsfieber hat?“

Er tat, als hätte er nichts bemerkt, und fragte lächelnd:

„Nun, wie geht es dir, mein lieber Docht?“

„Ausgezeichnet! Wie einer Maus im Parmesankäse!“

„Ist das wirklich dein Ernst?“

„Warum sollte ich dich wohl belügen?“

„Entschuldige, lieber Freund, warum trägst du diese Baumwollmütze auf dem Kopf, die dir bis über beide Ohren reicht?“

„Der Arzt hat sie mir verordnet, weil ich mir hier am Knie weh getan habe. Aber du, lieber Pinocchio, warum trägst du denn eine Baumwollmütze und hast sie bis an die Nase heruntergezogen?“

„Der Arzt hat sie mir verordnet, weil ich mir einen Fuß aufgeschürft habe.“

„Ach, armer Pinocchio!“

„Ach, armer Docht!“

Auf diese Worte folgte ein sehr langes Schweigen, währenddessen die beiden Freunde nichts weiter taten, als sich gegenseitig spöttisch zu mustern.

Endlich flötete Pinocchio mit honigsüßem Stimmchen:

„Ich bin neugierig, mein lieber Docht. Sag mir doch, hast du schon einmal an einer Ohrenkrankheit gelitten?“

„Niemals! Und du?“

„Niemals! Übrigens habe ich seit heute morgen ein Ohr, das mir Qual bereitet.“

„Das gleiche Übel habe ich auch."
„Du auch? Und welches Ohr tut dir weh?"
„Alle beide! Und dir?"
„Alle beide! Ob das wohl dieselbe Krankheit ist?"
„Ich fürchte, ja."
„Willst du mir einen Gefallen tun, Docht?"
„Aber gern! Von ganzem Herzen."
„Läßt du mich deine Ohren sehen?"
„Warum nicht? Aber erst will ich deine sehen, lieber Pinocchio!"
„Nein! Der erste mußt du sein!"
„Nein, mein Lieber! Erst du, dann ich!"
„Nun gut", sagte Pinocchio darauf, „einigen wir uns!"
„Laß hören!"
„Wir ziehen alle beide zu gleicher Zeit die Mützen ab. Einverstanden?"
„Einverstanden!"
„Also! Aufgepaßt!"
Und Pinocchio fing an, mit lauter Stimme zu zählen: „Eins! Zwei! Drei!"
Bei drei zogen beide Jungen die Mützen ab und warfen sie in die Luft. Und dann geschah etwas sehr Sonderbares. Es klingt unglaublich, ist aber die reine Wahrheit. Es geschah nämlich, daß Pinocchio und Docht, als sie sich beide vom selben Mißgeschick befallen sahen, nicht etwa tödlich beschämt und schmerzlich bewegt waren, sondern sich zublinzelten und anfingen, sich über ihre unmäßig langen Ohren lustig zu machen; und nach vielen übermütigen und ausgelassenen Scherzen brachen sie schließlich in schallendes Gelächter aus.
Sie lachten und lachten und lachten so sehr, daß sie sich den Bauch halten mußten.
Aber als sie mitten im schönsten Lachen waren, wurde Docht mit einemmal ganz still. Er schwankte und wechselte die Farbe und flehte seinen Freund an:
„Hilf mir, Pinocchio! Hilf mir!"
„Was hast du denn?"
„Oh weh! Ich kann nicht mehr gerade auf den Beinen stehen!"
„Ich auch nicht mehr!" schrie Pinocchio auf und weinte und taumelte. Und noch während sie das sagten, ließen sich beide auf allen vieren zur Erde nieder und fingen an, auf Händen

und Füßen im Zimmer umherzulaufen. Und während sie herumrannten, wurden ihre Arme zu Eselsfüßen, ihre Gesichter verlängerten sich und wurden zu Mäulern, und ihr Rücken bedeckte sich mit einem dichten, hellgrauen, schwarzgesprenkelten Fell.
Aber wißt ihr, wann der schlimmste Augenblick für die beiden Unglückseligen gekommen war? Der schlimmste Augenblick, der sie am meisten demütigte, war, als sie fühlten, wie ihnen hinten im Rücken ein Schwanz wuchs. Da wurden sie von Scham und Schmerz überwältigt. Sie weinten und bejammerten ihr Schicksal.
Hätten sie das nur nicht getan! Statt Seufzern und Klagen brachten sie nur Eselsgeschrei heraus, und schallend und klangvoll schrien sie beide im Chor:
„Iah — iah — iah!"
In diesem Augenblick wurde an die Tür geklopft, und eine Stimme rief von draußen:
„Macht auf! Ich bin das Männlein, der Kutscher, der euch hierhergebracht hat. Macht sofort auf, sonst wehe euch!"

Dreiunddreißigstes Kapitel

Pinocchio, der nun ein richtiges Eselchen geworden ist, wird auf den Markt gebracht und von einem Zirkusdirektor gekauft, der ihn abrichten will, zu tanzen und durch Reifen zu springen. Aber eines Abends springt er sich lahm, und es kauft ihn jemand, der aus seinem Fell eine Trommel machen will

Als das Männlein sah, daß die Tür nicht aufgemacht wurde, öffnete es sie mit einem kräftigen Fußtritt, trat in das Zimmer und sagte mit seinem üblichen süßlichen Lächeln zu Pinocchio und Docht:
„Tüchtig, tüchtig! Ihr habt so brav geschrien, daß ich euch gleich an der Stimme wiedererkannt habe. Und darum bin ich jetzt hier..."

Bei diesen Worten standen die Eselchen mucksmäuschenstill da, ließen den Kopf und die Ohren hängen und zogen den Schwanz ein.
Zuerst ließ das Männlein sie gewähren. Er streichelte sie und beklopfte sie. Dann zog er einen Striegel heraus und striegelte sie ordentlich, und als ihr Fell vom Striegeln wie ein Spiegel glänzte, legte er ihnen einen Zaum an und führte sie auf den Marktplatz, in der Hoffnung, sie zu verkaufen und sich ein hübsches Sümmchen dafür einzuhandeln.
Und wirklich ließen die Käufer nicht lange auf sich warten. Docht wurde von einem Bauern gekauft, dem am Tage zuvor sein Esel gestorben war; und Pinocchio wurde an den Direktor einer Truppe von Artisten und Seiltänzern verkauft, der ihn abrichten wollte, um ihn dann zusammen mit den anderen Tieren der Truppe springen und tanzen zu lassen.
Und nun habt ihr wohl schon gemerkt, meine lieben kleinen Leser, was für ein schäbiges Handwerk unser Männlein betrieb. Dieses böse kleine Ungeheuer, das ein Gesicht wie Milch und Honig hatte, fuhr von Zeit zu Zeit mit seinem Wagen kreuz und quer durch die Welt und sammelte unterwegs alle faulen Kinder auf, die ihre Bücher und die Schule satt hatten. Wenn er sie mit Versprechungen und Schmeichelworten an sich gelockt hatte, lud er sie in seinen Wagen und brachte sie ins Spielzeugland, damit sie ihre Zeit mit Spiel und Spaß und Vergnügungen hinbrächten. Und wenn dann die armen und betrogenen Kinder, weil sie immer nur spielten und niemals lernten, zu kleinen grauen Eselchen geworden waren, dann kam er seelenvergnügt an, bemächtigte sich ihrer und brachte sie zum Verkauf auf die Messen und Märkte. In wenigen Jahren hatte er sich so ein hübsches Geld verdient und war ein Millionär geworden.
Was mit Docht weiter geschah, weiß ich nicht. Von Pinocchio aber weiß ich, daß er schon vom ersten Tage an übel behandelt wurde und ein sehr hartes und aufreibendes Leben führen mußte.
Als er in den Stall geführt wurde, schüttete ihm sein neuer Herr Stroh in die Krippe. Aber nachdem Pinocchio ein wenig davon gekostet hatte, spuckte er es wieder aus. Da füllte ihm der Herr murrend die Krippe voll Heu, aber auch das Heu schmeckte ihm nicht.
„Ach, dir schmeckt nicht einmal Heu?“ schrie der Herr zornig.

IAH!

„Verlaß dich drauf, mein hübsches Eselchen, wenn du Grillen im Kopf hast, ich werde sie dir schon austreiben!“
Und zur Strafe versetzte er ihm einen Peitschenhieb an die Beine.
Pinocchio fing vor Schmerz an zu weinen und zu schreien, und unter viel Geschrei stieß er hervor:
„Iah, iah, Stroh kann ich nicht verdauen!...“
„Dann friß Heu!“ entgegnete der Herr, der die Eselssprache vortrefflich verstand.
„Iah, iah, vom Heu bekomme ich Leibschmerzen!...“
„Du behauptest also, daß ich einen Esel deiner Meinung nach mit Hühnerbrust und Kapaun in Aspik füttern müßte?“ brüllte der Herr, der immer mehr in Wut geriet, und versetzte ihm einen zweiten Peitschenhieb.
Nach diesem zweiten Peitschenhieb hielt es Pinocchio für klüger, zu schweigen. Sogleich wurde er still und gab keinen Laut mehr von sich. Inzwischen wurde der Stall geschlossen, und Pinocchio blieb allein, und weil er schon viele Stunden lang nichts mehr gegessen hatte, fing er vor großem Hunger an zu gähnen.
Und beim Gähnen riß er sein Maul so weit auf wie eine Backofentür. Da er gar nichts anderes in seiner Krippe fand, gab er sich schließlich darein, ein wenig Heu zu kauen, und nachdem er es gut durchgekaut hatte, kniff er die Augen zu und schluckte es hinunter.
„Das Heu ist gar nicht so übel“, sagte er dann bei sich. „Aber wieviel besser wäre es doch gewesen, ich hätte weitergelernt! Dann könnte ich jetzt statt Heu einen Kanten frisches Brot essen und eine schöne Scheibe Wurst dazu! ... Geduld!...“
Am nächsten Morgen, als er erwachte, suchte er sogleich in der Krippe nach frischem Heu; aber er fand keins, weil er in der Nacht alles aufgefressen hatte.
Da nahm er ein Maul voll Häcksel. Aber schon als er es zerkaute, da schmeckte er zu seinem Kummer gleich, daß der Geschmack des Häcksels nicht die geringste Ähnlichkeit hatte mit einem Risotto auf Mailänder Art oder mit Makkaroni nach Art der Neapolitaner.
„Geduld!“ sagte er wieder und kaute ergeben weiter. „Wenn doch wenigstens mein Unglück allen ungehorsamen Kindern, die keine Lust haben zu lernen, als Lehre dienen könnte! Geduld! ... Geduld!...“

„Geduld! Ich pfeife darauf!" schrie der Herr, der in diesem Augenblick den Stall betrat. „Glaubst du vielleicht, mein hübsches Eselchen, ich hätte dich einzig und allein deshalb gekauft, um dir zu fressen und zu saufen zu geben? Ich habe dich gekauft, damit du arbeitest und mir viel Geld einbringst! Also los! Mut! Komm mit in den Zirkus, da werde ich dir beibringen, wie man durch Reifen springt und mit dem Kopf Papierfässer durchstößt und wie man aufrecht auf den Hinterbeinen Walzer und Polka tanzt."

Es half nichts, im guten oder im bösen mußte der arme Pinocchio all diese schönen Sachen lernen. Doch um sie zu lernen, dazu brauchte er drei Monate Unterricht und viele Peitschenhiebe übers Fell.

Endlich aber kam der Tag, an dem sein Herr ein wahrhaft ungewöhnliches Schauspiel ankündigen konnte. Auf bunten Plakaten, die an allen Straßenecken klebten, hieß es (siehe nächste Seite oben):

An diesem Abend war das Theater, wie ihr euch sicher denken könnt, schon eine Stunde vor Beginn der Vorstellung bis auf den letzten Platz gefüllt.

Es war keine Loge mehr zu haben noch ein Parkettplatz oder ein Sperrsitz und hätte man ihn auch mit Gold aufgewogen.

Die Sitzbänke im Zirkus wimmelten von Kindern, von Mädchen und Jungen jeden Alters, die vor Neugier fieberten, das berühmte Eselchen Pinocchio tanzen zu sehen.

Als der erste Teil der Vorstellung beendet war, trat der Direktor der Truppe im schwarzen Rock, weißen Reithosen und glänzenden hohen Lederstiefeln, die ihm bis an die Knie reichten, vor das so zahlreich erschienene Publikum, machte eine tiefe Verbeugung und hielt mit großer Feierlichkeit folgende unsinnige Ansprache: „Hochzuverehrendes Publikum, verehrte Damen, edle Herren! Der ergebenst vor Sie Hintretende ist auf der Durchreise in dieser berühmten Hauptstadt und hat sich die Ehre verschaffen wollen und auch das Vergnügen, diesem klugen und hervorragenden Auditorium ein berühmtes Eselchen vorzustellen, das bereits die Ehre hatte, vor dem Angesicht Seiner Majestät, dem Kaiser, und allen Fürstenhöfen Europas zu tanzen. Indem ich Ihnen Dank sage, bitte ich Sie, uns mit Ihrer anregenden Gegenwart zu unterstützen und Nachsicht mit uns zu haben!"

Diese Ansprache wurde mit schallendem Gelächter und lau-

! GROSSE GALAVORSTELLUNG !

Heute abend
sehen Sie die bekannten Springkünste und
andere erstaunliche Darbietungen
AUSGEFÜHRT VON ALLEN ARTISTEN
und allen Pferden unserer Truppe
Außerdem
tritt zum ersten Male auf
das berühmte
ESELCHEN PINOCCHIO
genannt
DER STERN DES TANZES

! Das Theater ist taghell erleuchtet !

tem Beifallklatschen beantwortet. Aber der Beifall verdoppelte sich noch und wurde zu einem wahren Orkan, als das Eselchen Pinocchio die Arena betrat.
Es war festlich herausgeputzt und hatte neues Zaumzeug von glänzendem Leder, mit Schnallen und Beschlägen aus Messing. Hinter den Ohren steckten zwei weiße Kamelien. Die Mähne war in lauter Löckchen geteilt, in die Schleifchen aus roter Seide gebunden waren. Um den Bauch trug es eine breite gold- und silberfarbene Schärpe, und der Schwanz war von dunkelroten und hellblauen Samtbändern durchflochten. Kurzum, ein Eselchen zum Verlieben!
Als der Direktor es dem Publikum vorstellte, fügte er seinem vorigen Kauderwelsch noch folgende Worte hinzu:
„Meine hochzuverehrenden Zuschauer. Ich stehe nicht hier, um Ihnen etwas vorzulügen, wenn ich Ihnen von den großen Schwierigkeiten erzähle, die ich mir abpressen mußte, um dieses Säugetier hier zu verstehen und mir fügig zu machen, als es noch in den Ebenen der heißen Zone in den Bergen graste. Bemerken Sie, bitte sehr, welche Wildheit noch aus seinen Augen blitzt! Alldieweilen alle Mittel, es an das Leben gesitteter Vierfüßler zu gewöhnen, eitle Mühe und vergeblich waren, mußte ich zu mehreren Malen in der leutseligen Peitschensprache zu ihm reden. Aber alle liebwerte Freund-

lichkeit hat es nicht dazu vermocht, mir in Liebe zugetan zu sein; vielmehr hat es mir immer übler gewollt in seinem Herzen. Ich jedoch für mein Teil bin der Methode von Signor Galles gefolgt und habe in seinem Schädel einen kleinen Knorpel gefunden, den selbst die hochlöbliche Medizinische Fakultät der Hohen Universität von Paris als den Erreger des Haarwuchses und des Feuertanzes erkannte. Darum habe ich ihn abgerichtet zum Tanz und den diesbezüglichen Künsten des Reifen- und Faßspringens. Bewundern Sie ihn und urteilen Sie dann! Ehe ich mich jedoch von Ihnen verabschiede, erlauben Sie mir, hohe Herrschaften, daß ich Sie zur Tagesvorstellung morgen abend einlade, aber im Falle, daß regnerisches Wetter mit Wassergüssen droht, dann wird die Vorstellung statt morgen abend auf morgen vormittag, und zwar um elf Uhr nachmittags, verschoben."

Und hiermit verbeugte sich der Direktor noch einmal bis zur Erde, dann wandte er sich an Pinocchio und sprach:

„Vorwärts, Pinocchio! Ehe Ihr mit Euren Darbietungen beginnt, begrüßt das verehrliche Publikum, die Damen, Herren und Kinder!"

Pinocchio beugte sofort gehorsam die beiden Vorderbeine und ging in die Knie.

Und er kniete so lange an der Erde, bis der Direktor mit der Peitsche knallte und ihm zurief: „Im Schritt!" Da sprang das Eselchen wieder auf die Beine und lief rund um die Manege herum, immer im Schritt.

Nach einer Weile rief der Direktor:

„Im Trab!"

Und Pinocchio wechselte gehorsam vom Schritt zum Trab.

„Im Galopp!", und Pinocchio fiel in Galopp.

„In vollem Lauf!"

Und Pinocchio rannte im vollen Lauf. Aber als er so wie ein Berberroß dahinjagte, hob der Direktor den Arm und gab einen Pistolenschuß ab.

Bei diesem Pistolenschuß tat das Eselchen, als sei es verwundet, fiel um und streckte alle viere von sich, als wollte es wirklich sterben.

Als es sich, umbraust von Beifallsstürmen, von Händeklatschen und Rufen, die ihn in den Himmel hoben, wieder aufgerichtet hatte, mußte es natürlich auch den Kopf heben und aufschauen ... Und als es aufschaute, da erblickte es in einer

Loge eine schöne Frau, die um den Hals eine dicke goldene Kette trug, mit einem Medaillon daran, und auf das Medaillon war das Bild einer Holzpuppe gemalt.
„Das ist ja mein Bild! ... Diese Frau ist die Fee!" sagte sich Pinocchio, der sie sogleich erkannt hatte. Von seiner großen Freude ganz überwältigt, wollte er ihr zurufen:
„Oh, liebe kleine Fee! Oh, liebe kleine Fee!"
Aber statt dieser Worte kam aus seiner Kehle nur Eselsgeschrei und so klangvoll und anhaltend, daß alle Zuschauer und ganz besonders die Kinder, die im Zirkus waren, laut lachen mußten.
Da gab ihm der Direktor einen Schlag mit dem Peitschenstiel auf die Nase, um ihn zu belehren und ihm verständlich zu machen, daß es äußerst ungehörig sei, dem Publikum ins Gesicht zu schreien.
Das arme Eselchen streckte die Zunge heraus und beleckte wenigstens fünf Minuten lang seine Nase, vielleicht weil es glaubte, so den Schmerz ein wenig lindern zu können.
Aber wie groß war seine Verzweiflung, als es zum zweiten Male seine Augen hob und sah, daß die Loge leer und die Fee verschwunden war!...
Es glaubte zu sterben. Seine Augen füllten sich mit Tränen, und es fing an, bitterlich zu weinen. Doch niemand bemerkte es, am allerwenigsten der Direktor, der wieder mit der Peitsche knallte und rief:
„Mut! Pinocchio! Jetzt werdet Ihr diesen Herrschaften zeigen, mit welcher Anmut Ihr durch die Reifen springen könnt!"
Pinocchio versuchte es zwei- oder dreimal, aber jedesmal, wenn er vor dem Reifen ankam, lief er bequem darunter her, anstatt zu springen. Endlich macht er einen Satz und sprang hindurch, aber unglücklicherweise blieb er mit den Hinterfüßen im Reifen hängen und fiel auf der anderen Seite wie ein Sack zur Erde.
Als er wieder aufstand, hinkte er und konnte nur mühsam in seinen Stall zurückhumpeln.
„Her mit Pinocchio! Wir wollen das Eselchen sehen! Her mit dem Eselchen!" riefen die Kinder im Parkett mitleidig und von seinem traurigen Mißgeschick gerührt. Aber das Eselchen ließ sich an diesem Abend nicht mehr sehen.
Am nächsten Morgen kam der Arzt, oder vielmehr der Tierarzt, und als er es untersucht hatte, erklärte er, daß es sein ganzes Leben lang lahm bleiben würde.

Da sagte der Direktor zu seinem Stallburschen:
„Was soll ich noch mit einem lahmen Esel anfangen? Er wäre nur ein unnützer Fresser. Bring ihn zum Markt und verkaufe ihn wieder!"
Als sie auf den Markt kamen, fanden sie auch gleich einen Käufer, der den Stallburschen fragte:
„Was willst du für das lahme Eselchen haben?"
„Zwanzig Lire."
„Ich gebe dir zwanzig Soldi. Glaub ja nicht, daß ich es kaufe, weil es mir noch Dienste leisten könnte! Ich kaufe einzig und allein sein Fell. Ich sehe, es hat ein sehr hartes Fell, daraus will ich eine Trommel für die Musikkapelle in unserem Dorfe machen."
Ihr könnt euch selber ausdenken, Kinder, was für eine Lust es für Pinocchio war, zu hören, daß er dazu bestimmt war, eine Trommel zu werden!
Tatsächlich führte der Käufer, sobald er die zwanzig Soldi bezahlt hatte, Pinocchio auf eine hohe Klippe am Ufer des Meeres, hängte ihm einen Stein um den Hals und band ihn mit dem Fuß an einem Seil fest, das er in der Hand behielt. Dann versetzte er ihm unversehens einen Stoß und warf ihn ins Wasser.
Pinocchio sank mit dem schweren Stein am Hals sofort unter, und der Käufer, der das Seil immer fest in der Hand hielt, ließ sich ruhig auf der Klippe nieder und wartete in aller Geduld, bis das Eselchen genug Zeit gehabt hätte, zu ersaufen. Dann wollte er ihm das Fell abziehen.

Pinocchio wird im Meer von Fischen gefressen und verwandelt sich wieder in eine Holzpuppe.
Aber während er fortschwimmt, um sich zu retten, verschlingt ihn der schreckliche Wal

Nachdem das Eselchen gute fünfzig Minuten unter Wasser war, dachte der Käufer bei sich:

„Jetzt muß mein armes Eselchen doch mittlerweile ertrunken und mausetot sein. Ich werde es also heraufziehen und mir aus seinem Fell eine schöne Trommel machen."

Und er machte sich daran, das Seil anzuziehen, das er ihm ans Bein gebunden hatte. Er zog und zog und zog, und schließlich — was tauchte aus dem Wasser auf? ... Ob ihr es wohl ratet? Statt eines toten Eselchens sah er aus dem Wasser eine lebendige Marionette auftauchen, die sich wand und drehte wie ein Aal.

Als er die Holzpuppe erblickte, glaubte der arme Mann zu träumen. Er stand da, wie vom Donner gerührt, mit offenem Mund, und die Augen fielen ihm bald aus dem Kopf.

Als er sich vom ersten Schreck etwas erholt hatte, war er dem Weinen nahe und stammelte:

„Und wo ist das Eselchen hingekommen, daß ich ins Meer geworfen habe?..."

„Das Eselchen bin ich!" gab Pinocchio lachend zur Antwort.

„Du?"

„Ich!"

„Ach, du Schurke! Willst du dich vielleicht auch noch über mich lustig machen?"

„Ich mich über Euch lustig machen? Ganz im Gegenteil, lieber Herr! Ich spreche ganz im Ernst!"

„Aber vor einer Weile warst du doch noch ein Eselchen! Wie kann denn da nur unten im Wasser eine Holzpuppe aus dir geworden sein?"

„Das kann wohl nur die Wirkung des Meerwassers sein. Das Meer erlaubt sich öfter solche Scherze!"

„Hüte dich, du Bengel! Hüte dich! Glaub ja nicht, daß du dich auf meine Kosten lustig machen kannst. Wehe dir, wenn mir erst die Geduld reißt!"
„Nun gut, lieber Herr, wollt Ihr wissen, wie es wirklich zuging? Dann bindet mein Bein los, und ich werde es Euch erzählen!"
Der Käufer, der brave Tropf, war neugierig, zu erfahren, wie es wirklich zugegangen war. Er band sogleich das Seil los, an das er ihn festgebunden hatte, und Pinocchio, der sich nun wieder frei fühlte wie ein Vogel in der Luft, begann zu erzählen:
„Ihr müßt nämlich wissen, daß ich früher einmal eine Holzpuppe war, so wie jetzt, und ich war schon drauf und dran, ein richtiger Junge zu werden, wie es so viele auf dieser Welt gibt. Aber ich hatte keine Lust mehr zu lernen und habe auf schlimme Freunde gehört und bin von zu Hause fortgelaufen ... Und eines schönen Tages, als ich morgens aufwachte, war ich in einen Esel verwandelt ... Mit sooo langen Ohren ... Und mit sooo einem langen Schwanz! Was war das für eine Schande für mich! Eine Schande, die der Heilige Antonius nicht einmal Euch antun möge! Ich wurde auf den Eselsmarkt gebracht und von einem Zirkusdirektor angekauft, der es sich in den Kopf gesetzt hatte, einen großen Tänzer und Reifenspringer aus mir zu machen. Aber eines Abends während der Vorstellung bin ich im Zirkus so übel gestürzt, daß beide Hinterfüße lahmten. Da hat mich der Direktor, der nicht wußte, was er mit einem lahmen Esel noch machen sollte, wieder verkaufen lassen, und Ihr wart es, der mich gekauft hat!"
„Leider! Und ich habe zwanzig Soldi für dich bezahlt! Und wer gibt mir jetzt meine zwanzig Soldi wieder?"
„Und warum habt Ihr mich gekauft? ... Ihr habt mich gekauft, um aus meinem Fell eine Trommel zu machen ... Eine Trommel! ..."
„Leider! Und wo nehme ich jetzt ein anderes Fell her?"
„Verzweifelt nicht, guter Herr! Esel gibt es genug auf dieser Welt!"
„Sag mal, du unverschämter Bengel, ist deine Geschichte damit zu Ende?"
„Nein", antwortete Pinocchio, „noch ein paar Worte, dann ist sie zu Ende. Nachdem Ihr mich gekauft hattet, habt Ihr mich hierhergebracht, um mich totzuschlagen. Aber dann fühltet Ihr

auf einmal Mitleid, und in einer Anwandlung von Menschlichkeit habt Ihr mir lieber einen Stein um den Hals gehängt und mich ins Meer geworfen. Dieses Zartgefühl macht Euch alle Ehre, und ich werde Euch ewig dankbar dafür sein. Übrigens, lieber Herr, hattet Ihr diesmal die Rechnung ohne die Fee gemacht..."

„Und wer ist diese Fee?"

„Sie ist meine Mutter, und sie ist wie alle guten Mütter, die ihre Kinder sehr liebhaben und sie nie aus den Augen verlieren und ihnen in jedem Unglück liebevoll beistehen; auch dann noch, wenn diese Kinder durch ihren Leichtsinn und ihr schlimmes Betragen verdient hätten, daß man sich nicht mehr um sie kümmert und sie ihrem Schicksal überläßt. Nun also, die gute Fee schickte, als sie sah, daß ich in Gefahr war zu ertrinken, sogleich einen riesengroßen Schwarm von Fischen zu mir. Die glaubten, ich sei wirklich ein mausetotes Eselchen, und machten sich daran, mich aufzufressen. Und was für Happen sie hinunterschlangen! Ich hätte nie geglaubt, daß Fische sogar noch gieriger sein können als Kinder! Der eine fraß mir die Ohren ab, der andere das Maul, der den Hals und die Mähne, jener fraß mir die Haut von den Füßen, und wieder ein anderer knabberte mir das Fell vom Rücken ... Und unter anderem war da auch ein kleines Fischlein, das war so artig, daß es sich sogar herbeiließ, meinen Schwanz aufzufressen."

„Ich schwöre", sagte der ganz entsetzte Käufer, „daß ich von heute an keine Fische mehr anrühre! Es wäre mir doch gar zu schrecklich, wenn ich eine Seebarbe zerlegte oder einen gebratenen Schellfisch und fände einen Eselsschwanz darin."

„Da denke ich genau wie Ihr!" versetzte Pinocchio und lachte. „Übrigens, Ihr müßt noch etwas wissen! Als die Fische schließlich die Eselshülle, die mich von Kopf bis Füßen bedeckte, mit Haut und Haaren verspeist hatten, da kamen sie, wie das ganz natürlich ist, auf die Knochen oder, um es besser zu sagen, auf das Holz; denn wie Ihr selber seht, bin ich aus eisenhartem Holz gemacht. Aber schon nach den ersten Bissen merkten diese gefräßigen, leckermäuligen Fische gleich, daß ich kein Fleisch für ihre Zähne war, und angeekelt von dieser unverdaulichen Speise, schwammen sie nach allen Seiten davon, ohne sich auch nur noch einmal nach mir umzudrehen und Dankeschön zu sagen ... Und damit habe ich Euch also nun erzählt, wie es zuging, daß Ihr mit Eurem Seil statt eines

toten Eselchens eine lebendige Holzpuppe aus dem Wasser gezogen habt."
„Ich pfeife auf deine ganze Geschichte!" schrie der Käufer, rasend vor Wut. „Ich weiß nur, daß ich zwanzig Soldi ausgegeben habe, um dich zu kaufen, und ich will mein Geld wiederhaben. Weißt du, was ich jetzt tue? Ich werde dich wieder auf den Markt bringen und werde dich ... als Brennholz verkaufen, dann wird man mit dir den Ofen einheizen."
„Verkauft mich nur! Ich bin einverstanden!" rief Pinocchio. Aber indem er das sagte, machte er einen prächtigen Satz und sprang mitten ins Wasser. Und während er munter drauflosschwamm und sich immer weiter von der Küste entfernte, rief er zu seinem armen Käufer hinüber:
„Auf Wiedersehen, lieber Herr! Und wenn ihr wieder einmal ein Fell braucht, um eine Trommel zu machen, dann denkt an mich!"
Dann lachte er und schwamm weiter. Und nach einer Weile wandte er sich noch einmal um und schrie noch lauter:
„Auf Wiedersehen, lieber Herr! Und wenn Ihr wieder einmal ein Stück Brennholz braucht, um Euren Ofen anzuheizen, dann denkt an mich!"
Und schon einen Augenblick später war er so weit draußen, daß er kaum noch zu erkennen war. Man sah nur noch ein winziges schwarzes Pünktchen über dem Meer. Dann und wann streckte er die Beine aus dem Wasser und sprang und überschlug sich, ganz wie ein gutgelaunter Delphin.
Als nun Pinocchio so auf gut Glück dahinschwamm, sah er mitten im Meer eine Klippe aufragen, die aus weißem Marmor zu sein schien, und oben auf der Klippe entdeckte er ein schönes Zicklein, das zärtlich meckerte und ihm Zeichen machte, näher heranzukommen.
Das Sonderbarste aber war, daß das Fell der kleinen Ziege nicht weiß oder schwarz oder scheckig war wie das anderer Ziegen, sondern blau, und von einem so leuchtenden Blau, daß es ihn ganz unbeschreiblich an das Haar des schönen kleinen Mädchens erinnerte.
Ihr könnt euch denken, wie dem armen Pinocchio auf einmal das Herz höher schlug! Er verdoppelte seine Anstrengungen und schwamm mit aller Kraft auf die weiße Klippe zu. Er hatte auch schon fast die halbe Strecke hinter sich gebracht, als plötzlich der fürchterliche Kopf eines Seeungeheuers auf-

tauchte und auf ihn zuschwamm. Das weit aufgerissene Maul war wie ein gähnender Abgrund, und die drei Reihen schrecklicher Zähne hätten einem schon auf Bildern Furcht eingejagt. Und wißt ihr auch, wer das Seeungeheuer war?
Dieses Seeungeheuer war niemand anderes als der Riesenwal, von dem schon öfter in dieser Geschichte die Rede war und der wegen seiner unersättlichen Gefräßigkeit und der Verheerungen, die er überall anrichtete, nur „die Geißel der Fische und der Fischer“ genannt wurde.
Stellt euch das Entsetzen des armen Pinocchio beim Anblick dieses Ungeheuers vor! Er versuchte, ihm auszuweichen, die Richtung zu ändern; er versuchte zu entkommen, aber das ungeheure, weit aufgerissene Maul kam immer wieder wie ein Pfeil auf ihn zugeschossen.
„Beeile dich, Pinocchio, um Himmels willen!“ meckerte angstvoll das schöne Zicklein.
Und Pinocchio schwamm verzweifelt mit Brust und Armen und Beinen und Füßen.
„Schwimm, Pinocchio, schwimm! Das Ungeheuer kommt immer näher!“
Und Pinocchio riß alle seine Kräfte zusammen und verdoppelte seine Geschwindigkeit.

„Gib acht, Pinocchio! ... Das Ungeheuer holt dich ein! Da ist es schon! ... Da ist es! ... Um Himmels willen, beeile dich, sonst bist du verloren! ..."
Und Pinocchio schwamm noch schneller als zuvor und flog dahin, wie aus der Pistole geschossen. Schon war er dicht an der Klippe. Schon beugte sich das Zicklein weit über das Wasser und streckte ihm seine Vorderfüße entgegen und wollte ihm helfen, aus dem Wasser zu klettern! ...
Aber es war zu spät! Das Ungeheuer hatte ihn erreicht. Es holte einmal tief Luft und schlürfte den armen Pinocchio in sich hinein, wie man ein rohes Hühnerei schlürft; und es verschluckte ihn so hastig und so gierig, daß Pinocchio, als er in den Bauch des Wals hinunterstürzte, mit einem groben Stoß aufprallte und eine Viertelstunde betäubt liegenblieb.
Als er sich von seinem Schrecken erholt hatte und wieder zu sich kam, konnte er sich nicht zurechtfinden und wußte nicht einmal, wo er sich eigentlich befand. Um ihn herum war alles stockdunkel, und das Dunkel war so schwarz und undurchdringlich, daß ihm schien, er sei mit dem Kopf in ein volles Tintenfaß gefallen. Er horchte, aber er vernahm keinerlei Geräusch. Nur fühlte er von Zeit zu Zeit, daß ihm heftige Windstöße ins Gesicht wehten. Anfangs konnte er nicht begreifen, wo der Wind herkam; aber dann merkte er, daß er aus den Lungen des Ungeheuers ausströmte. Ihr müßt nämlich wissen, daß der Wal an schwerem Asthma litt, und wenn er atmete, schien es geradeso, als pfiffe der Nordwind daher.
Zuerst bemühte sich Pinocchio, wieder ein wenig Mut zu fassen. Doch als es ihm richtig zum Bewußtsein kam, daß er im Bauch des Seeungeheuers gefangen saß, da fing er an, laut zu weinen und zu jammern, und schrie verzweifelt:
„Hilfe! Hilfe! Oh, ich Ärmster! Kommt denn keiner, um mich zu retten?"
„Wer soll dich denn retten, Unglückseliger?" sagte aus dem Dunkel eine laute schrille Stimme, die wie eine verstimmte Gitarre klang.
„Wer spricht denn da?" fragte Pinocchio und fühlte, wie es ihm vor Angst eiskalt über den Rücken lief.
„Ich bin's! Ein armer Thunfisch, den der Wal mit dir zusammen verschluckt hat. Und was für ein Fisch bist du?"
„Mit Fischen habe ich überhaupt nichts zu tun. Ich bin eine Holzpuppe."

„Wenn du gar kein Fisch bist, warum hast du dich dann von dem Ungeheuer verschlucken lassen?"
„Ich habe mich nicht verschlucken lassen! Er hat mich einfach verschluckt, ohne groß zu fragen. Und was sollen wir jetzt tun, hier in dieser Dunkelheit?"
„Uns mit unserem Los abfinden und warten, bis uns der Wal alle beide verdaut hat."
„Aber ich will nicht verdaut werden!" rief Pinocchio und fing wieder an zu weinen.
„Ich will auch nicht verdaut werden", versetzte der Thunfisch. „Aber ich bin Philosoph genug, um mich mit dem Gedanken zu trösten, daß, wenn man schon das Pech hatte, als Thunfisch auf die Welt zu kommen, es immerhin würdiger ist, im Wasser zu enden als im Öl."
„Das ist ja Unsinn!" schrie Pinocchio.
„Es ist meine Meinung", erwiderte der Thunfisch, „und die Meinungen anderer, so sagen die Politiker unter den Thunfischen, muß man achten!"
„Kurzum ... Ich will von hier fort ... Ich will fliehen ..."
„Versuche es, vielleicht glückt es dir!"
„Ist der Wal, der uns beide verschluckt hat, sehr groß?" fragte Pinocchio.
„Stell dir vor, sein Leib ist länger als ein Kilometer, und da ist der Schwanz noch nicht einmal eingerechnet."
Während sie im Dunkeln diese Unterhaltung führten, schien es plötzlich Pinocchio, als sähe er ganz in der Ferne einen schwachen Lichtschimmer.
„Was mag das wohl für ein Lichtchen da ganz hinten sein?" wunderte sich Pinocchio.
„Es wird wohl irgendein Unglücksgefährte sein, der genauso wie wir darauf wartet, verdaut zu werden!"
„Ich will zu ihm hingehen. Es wäre doch möglich, daß es irgendein alter erfahrener Fisch ist, der mir vielleicht den Weg zur Flucht zeigen kann!"
„Ich wünsche es dir von Herzen, lieber Junge!"
„Leb wohl, Thunfisch!"
„Leb wohl, lieber Junge! Und viel Glück!"
„Wo werden wir uns wiedersehen?"
„Wer weiß? ... Am besten denkt man gar nicht daran ..."

Fünfunddreißigstes Kapitel

Pinocchio findet im Bauch des Wals... Wen wohl? Lest dieses Kapitel, dann wißt ihr es

Sobald sich Pinocchio von seinem guten Freund, dem Thunfisch, verabschiedet hatte, tappte er mitten in das Dunkel hinein und tastete sich langsam weiter durch den Bauch des Wals. Vorsichtig setzte er einen Schritt vor den anderen und bewegte sich auf das kleine Lichtchen zu, das er ganz in der Ferne schimmern sah.

Und im Gehen merkte er, wie seine Füße in eine ölige und schlüpfrige Pfütze platschten, die einen so durchdringenden Geruch nach Bratfisch verbreitete, daß er glaubte, mitten in der Fastenzeit zu sein.

Je weiter er ging, um so heller und deutlicher wurde der Lichtschein, bis er ihn schließlich, nachdem er lange, lange gegangen war, erreichte. Und als er ihn erreicht hatte ... Was fand er da? Tausendmal dürft ihr raten!...

Er fand ein kleines gedecktes Tischchen, darauf stand eine brennende Kerze, die in einer grünen Glasflasche steckte. Und am Tisch saß ein kleiner alter Mann, der war ganz weiß, so weiß wie Schnee oder wie Schlagsahne. Der saß da und kaute ein paar lebendige Fischchen, und die Fischchen waren so lebendig, daß sie ihm während des Essens manchmal sogar aus dem Munde schlüpften.

Bei diesem Anblick überkam den armen Pinocchio eine so große und unerwartete Freude, daß nicht viel daran gefehlt hätte, und er wäre verrückt geworden.

Er wollte lachen, er wollte weinen, er wollte einen ganzen Haufen auf einmal sagen, und statt dessen stammelte er wirres Zeug und stotterte abgerissene und nichtssagende Worte. Schließlich aber stieß er einen lauten Freudenschrei aus. Er breitete weit die Arme aus, warf sich dem alten Mann an den Hals und schrie:

„Ach, mein liebes Väterchen! Endlich habe ich Euch wiedergefunden! Von nun an werde ich Euch nie mehr verlassen! Nie, nie mehr!"

„Ist es denn wahr, was ich sehe? Träume ich nicht?" erwiderte der Alte und wischte sich die Augen. „Du bist also wirklich mein lieber Pinocchio?"

„Ja, ja, ich bin es! Ich bin wirklich Pinocchio! Und ihr habt mir schon vergeben, nicht wahr? Ach, liebes Väterchen, wie gut Ihr doch seid! ... Und wenn ich denke, daß ich dagegen ... Ach, aber wenn Ihr wüßtet, wieviel Unglück auf mein Haupt heruntergeprasselt ist und wie mir immer alles fehlgeschlagen ist!

Denkt Euch, mein armes Väterchen, an dem Tag, da Ihr Euren Rock verkauft habt, damit ich eine Fibel bekäme, um zur Schule zu gehen, da bin ich fortgelaufen, weil ich das Puppentheater sehen wollte; und der Puppenspieler wollte mich ins Feuer werfen, damit sein Hammel schön braun würde, und der Puppenspieler war es dann, der mir später fünf Goldstücke schenkte, damit ich sie Euch brächte. Aber ich traf die Füchsin und den Kater, die mich in das Gasthaus ‚Zum Roten Krebs' führten, wo sie wie die Wölfe fraßen. Und als ich nachts allein aufbrach, begegnete ich den Räubern, die hinter mir her liefen, ich vorneweg, und sie hinter mir her, ich immer vorneweg, und sie immer noch hinter mir her; und ich rannte, bis sie mich an einen Ast der ‚Großen Eiche' hängten. Von da ließ mich das schöne Mädchen mit dem blauen Haar in einer kleinen Kutsche abholen, und als die Ärzte mich untersucht hatten, sagten sie sofort: ‚Wenn er nicht tot ist, ist das ein Zeichen, daß er immer noch lebt.' Und dann habe ich eine Lüge gesagt, und meine Nase fing an zu wachsen, und ich konnte nicht mehr aus der Stubentür. Daher ging ich auch mit der Füchsin und dem Kater, um die vier Goldstücke einzugraben, denn eins hatte ich in dem Gasthaus ausgegeben; und der Papagei fing an zu lachen, und statt zweitausend Goldstücke für meine vier zu finden, fand ich gar keine mehr. Und als der Richter erfuhr, daß ich beraubt worden war, ließ er mich sogleich ins Gefängnis werfen, damit die Diebe eine Genugtuung hätten. Und als ich von dort wegging, sah ich eine schöne Traube in einem Weingarten, und ich blieb in einem Fangeisen hängen, und der Bauer legte mir ohne viel Federlesen ein Hundehalsband an, damit ich Wache beim Hühnerstall hielte. Dann sah er, daß ich unschuldig war, und ließ mich laufen; und die Schlange mit dem qualmenden Schwanz fing an zu lachen, und da platzte ihr eine Ader in der Brust, und so kam ich wieder in das Haus des schönen Mädchens, aber das war gestorben. Und der Täuberich sah, daß ich weinte, und sagte zu mir: ‚Ich habe deinen Vater gesehen, der baute sich ein kleines Boot und wollte darin auf die Suche nach dir gehen', und ich sagte zu ihm: ‚Ach, wenn ich doch auch Flügel hätte!', und er sagte zu mir: ‚Willst du zu deinem Vater?', und ich sagte: ‚Ach, wie gern! Aber wer bringt mich hin?', und er sagte zu mir: ‚Ich trage dich hin', und ich sagte zu ihm: ‚Wie denn?', und er sagte zu mir: ‚Steig auf meinen Rücken!' Und so sind wir die ganze Nacht durchgeflogen, und dann waren morgens alle die Fischer da, die schauten auf das Meer hinaus und sagten zu mir: ‚Da ist ein armer Mann draußen in einem kleinen Boot, der ist nahe am Ertrinken', und ich hab' Euch von weitem auch gleich erkannt, mein Herz sagte es mir, und ich machte Euch Zeichen, wieder ans Ufer zurückzukommen."

„Ich habe dich auch gleich erkannt", sagte Geppetto, „und ich wäre auch gerne wieder ans Ufer zurückgekommen. Aber wie konnte ich das? Das Meer war so stürmisch, und eine riesengroße Welle kippte mein Boot um. Und dann war ganz in der Nähe ein fürchterlicher Wal; kaum hatte der mich im Wasser gesehen, da schwamm er auch sofort auf mich zu, streckte die Zunge heraus und verschluckte mich gleich wie ein Bologneser Pastetchen."

„Und wie lange seid Ihr jetzt schon hier drin?" fragte Pinocchio.

„Seit jenem Tage werden nun schon zwei Jahre vergangen sein. Zwei Jahre, mein lieber Pinocchio, die mir wie zwei Jahrhunderte vorgekommen sind."

„Aber wie habt Ihr denn hier drinnen nur leben können? Und woher habt Ihr die Kerze und die Streichhölzer, um sie anzuzünden? Wer hat sie Euch gegeben?"

„Ich will dir nun alles erzählen. Du mußt wissen, daß derselbe Sturm, der mein Boot umkippte, auch ein großes Handelsschiff zum Kentern brachte. Die Seeleute konnten sich alle retten, aber das Schiff sank auf den Grund, und der Wal, der an jenem Tage über einen ausgezeichneten Appetit verfügte, schluckte, nachdem er erst mich verschlungen hatte, auch noch das große Schiff."

„Wie? Er hat das ganze Schiff auf einen Bissen heruntergeschlungen?" fragte Pinocchio höchst verwundert.

„Ja, auf einen Bissen, einzig und allein den Mastbaum hat er wieder ausgespuckt, weil er ihm wie eine Gräte zwischen den Zähnen hängengeblieben war. Zu meinem großen Glück hatte das Schiff Büchsenfleisch, Zwieback, Wein, Rosinen, Käse, Kaffee, Zucker, Kerzen und Streichhölzer geladen. Von diesen guten Dingen habe ich zwei Jahre lang gelebt. Aber heute bin ich bei den letzten Resten angelangt. Die Vorratskammer ist leer, und die Kerze, die du hier brennen siehst, ist die letzte, die mir geblieben ist..."

„Und dann?"

„Und dann, mein Lieber, werden wir im Dunkeln sitzen."

„Ja, mein liebes Väterchen", sagte Pinocchio, „dann dürfen wir keine Zeit mehr verlieren. Wir müssen sofort auf Flucht sinnen!"

„Auf Flucht? ... Und wie?"

„Wir müssen durch das Maul des Wals ins Meer entkommen und fortschwimmen."

„Du hast gut reden; aber ich kann nicht schwimmen, lieber Pinocchio."

„Was macht das? Ihr setzt Euch auf meinen Rücken, ich bin ein guter Schwimmer und bringe Euch wohlbehalten ans Ufer."

„Das bildest du dir ein, mein Junge!" versetzte Geppetto. Er schüttelte den Kopf und lächelte traurig. „Hältst du es denn für möglich, daß eine Holzpuppe wie du, die kaum einen Meter hoch ist, so viel Kraft hat, mit mir auf dem Rücken durchs Meer zu schwimmen?"

„Versucht es nur, Ihr werdet ja sehen! Jedenfalls, wenn wir schon sterben müssen, dann haben wir wenigstens den großen Trost, zusammen zu sterben."

Und ohne darüber noch ein Wort zu verlieren, nahm Pinocchio die Kerze und ging voraus, um zu leuchten. „Folgt mir und habt keine Angst!" sagte er zu seinem Vater.

So gingen sie eine gute Weile. Sie wanderten durch den ganzen Leib und durch den Magen des Wals. Doch als sie dann an der Stelle angelangt waren, wo die gewaltige Kehle des Ungeheuers begann, da hielten sie es für ratsam, stehenzubleiben und Umschau zu halten, um den geeigneten Augenblick zur Flucht abzupassen.

Nun müßt ihr wissen, daß der Wal, der sehr alt war und an Asthma und Herzbeschwerden litt, immer mit offenem Maul schlafen mußte. Pinocchio konnte daher, als er an die

untere Öffnung der Kehle trat und nach oben blickte, durch das weit aufgerissene ungeheure Maul draußen ein großes Stück Sternenhimmel und ein wunderbares Mondlicht erkennen.

Er wandte sich um und flüsterte seinem Vater zu:

„Jetzt ist der richtige Augenblick, zu entkommen. Der Wal schläft wie ein Murmeltier. Das Meer ist ruhig, und es ist taghell draußen. Kommt also, Väterchen, und haltet Euch dicht hinter mir, bald sind wir in Sicherheit."

Gesagt, getan. Sie stiegen durch die Kehle des Ungetüms nach oben, und als sie in dem ungeheuren Maul angekommen waren, wanderten sie vorsichtig auf Zehenspitzen über die Zunge, eine Zunge, die so breit und lang war wie ein großer Gartenweg. Sie waren schon drauf und dran, mit einem Satz ins Meer zu springen und davonzuschwimmen. Aber gerade in diesem Augenblick mußte der Wal niesen, und beim Niesen ging eine so gewaltige Erschütterung durch seinen Leib, daß Pinocchio und Geppetto zurückprallten und wieder in den Magen des Ungetüms hinabgeschleudert wurden.

Durch den heftigen Sturz verlöschte die Kerze, und Vater und Sohn blieben im Dunkel.

„Was jetzt?" fragte Pinocchio und wurde sehr ernst.

„Jetzt sind wir ganz und gar verloren, mein lieber Junge!"

„Warum verloren? Reicht mir die Hand, Väterchen, und gebt gut acht, daß Ihr nicht ausrutscht!..."

„Wohin führst du mich?"

„Wir müssen noch einmal die Flucht versuchen. Kommt mit mir und habt keine Angst!"

Als Pinocchio das gesagt hatte, nahm er seinen Vater bei der Hand, und zusammen stiegen sie auf Zehenspitzen durch die Kehle des Ungeheuers wieder nach oben.

Dann wanderten sie die ganze Zunge entlang und kletterten über die drei Reihen Zähne. Bevor sie aber den großen Sprung hinunter taten, sagte Pinocchio zu seinem Vater:

„Steigt auf meine Schultern und haltet Euch ganz fest. Das andere werde ich schon machen."

Kaum hatte sich Geppetto auf den Schultern seines Sohnes zurechtgesetzt, da warf sich Pinocchio, der seiner Sache ganz sicher war, ins Wasser und schwamm davon.

Das Meer war still und glatt wie Öl. Der Mond leuchtete in

all seinem Glanz. Und der Wal schlief weiter, und sein Schlaf war so tief, daß ihn nicht einmal ein Kanonenschuß hätte aufwecken können.

Sechsunddreißigstes Kapitel

Pinocchio hört endlich auf, eine Holzpuppe zu sein, und wird ein richtiger Junge

Während Pinocchio flink dahinschwamm und sich beeilte, bald die Küste zu erreichen, bemerkte er, daß sein Vater, der auf seinem Rücken saß und die Beine halb im Wasser hatte, so heftig zitterte, als sei der arme Mann vom Fieber geschüttelt. Zitterte er vor Kälte oder vor Angst? Wer weiß? ... Vielleicht war es von beidem ein bißchen. Aber Pinocchio, der glaubte, er zitterte vor lauter Angst, sagte tröstend:

„Mut, Väterchen! Noch ein paar Minuten, dann haben wir Land erreicht und sind gerettet!"

„Aber wo ist denn dieses gelobte Land?" fragte der alte Mann, der immer unruhiger wurde und die Augen zusammenkniff, wie es die Schneider machen, wenn sie eine Nadel einfädeln. „Ich schaue mich doch um nach allen Seiten, und ich sehe nichts als Himmel und Meer!"

„Aber ich sehe auch schon Land", rief Pinocchio, „daß Ihr es nur wißt, ich bin wie die Katzen, ich sehe auch besser bei Nacht als bei Tage!"

Der arme Pinocchio tat, als sei er voller Zuversicht, aber in Wirklichkeit sank auch ihm allmählich der Mut. Seine Kräfte ließen nach, und sein Atem wurde schwer und mühsam. Er keuchte. Kurzum, er konnte nicht mehr, und das Land war immer noch fern.

Er schwamm, solange seine Kraft noch reichte; dann wandte er den Kopf nach Geppetto um und sagte in abgerissenen Worten: „Mein liebes Väterchen ... helft mir ... ich sterbe ..."

Und Vater und Sohn waren nun nahe daran, zu ertrinken. Da hörten sie eine Stimme, die wie eine verstimmte Gitarre klang; die fragte:

„Wer stirbt da?“
„Ich und mein armer Vater!“
„Diese Stimme kenne ich doch! Du bist Pinocchio...“
„Ganz recht! Und du?“
„Ich bin der Thunfisch, dein Mitgefangener im Bauch des Wals.“
„Und wie hast du es angestellt, zu entkommen?“
„Ich bin deinem Beispiel gefolgt. Du hast mir den Weg gezeigt, und nach dir bin auch ich entflohen.“
„Lieber Thunfisch, du kommst gerade zur rechten Zeit! Ich bitte dich um aller Liebe willen, die du zu deinen Thunfischkinderlein hast, hilf uns, oder wir sind verloren!“
„Gern und von ganzem Herzen! Hängt euch alle beide an meinen Schwanz und laßt euch ziehen! In ein paar Minuten bringe ich euch ans Ufer.“
Geppetto und Pinocchio nahmen, wie ihr euch wohl vorstellen könnt, sogleich die Einladung an. Aber statt sich an seinen Schwanz zu hängen, hielten sie es für bequemer, sich gleich auf den Rücken des Thunfischs zu setzen.
„Sind wir zu schwer?“ fragte Pinocchio.
„Schwer? Keine Spur! Mir ist, als trüge ich zwei Muschelschalen auf dem Rücken“, antwortete der Thunfisch, der groß und kräftig war wie ein zweijähriges Kalb.
Als sie am Ufer angekommen waren, sprang Pinocchio als erster an Land und half seinem Vater gleichfalls abzusteigen. Dann wandte er sich an den Thunfisch und sagte mit tiefbewegter Stimme zu ihm:
„Mein lieber Freund, du hast meinen Vater gerettet! Ich finde daher nicht Worte genug, um dir gebührend zu danken! Erlaube mir wenigstens, daß ich dir zum Zeichen meiner ewigen Dankbarkeit einen Kuß gebe!...“
Der Thunfisch streckte seinen Kopf aus dem Wasser, und Pinocchio kniete auf die Erde nieder und gab ihm zärtlich einen Kuß auf das Maul. Bei diesem Beweis echter und aufrichtiger Zärtlichkeit wurde der arme Thunfisch, der so etwas gar nicht gewöhnt war, von Rührung ergriffen; und weil er sich schämte, zu zeigen, daß er weinte wie ein kleines Kind, zog er schnell den Kopf wieder unter Wasser und verschwand.
Unterdessen war es Tag geworden. Pinocchio bot Geppetto, der kaum mehr die Kraft hatte, sich auf den Beinen zu halten, seinen Arm und sagte:

„Stützt Euch nur auf meinen Arm, liebes Väterchen. Kommt, wir werden ganz, ganz langsam gehen, wie die Ameisen, und wenn wir müde sind, ruhen wir uns am Wege aus."
„Und wo sollen wir hingehen?" fragte Geppetto.
„Wir wollen ein Haus suchen oder eine Hütte, wo sie uns aus Barmherzigkeit einen Bissen Brot geben und ein bißchen Stroh, um darauf zu schlafen."
Sie hatten noch keine hundert Schritte gemacht, da sahen sie am Straßenrand zwei elende Gestalten sitzen, die um Almosen bettelten. Es waren der Kater und die Füchsin. Aber sie waren kaum noch wiederzuerkennen. Stellt euch vor, der Kater, weil er sich so lange blind gestellt hatte, war schließlich wirklich blind geworden. Und die Füchsin war alt geworden, mottenzerfressen und auf einer Seite ganz kahl und hatte nicht einmal mehr ihren Schwanz. So geht es! Diese traurige Spitzbübin hatte nämlich eines schönen Tages, als sie ins tiefste Elend geraten war, sogar ihren wunderschönen Schwanz an einen Hausierer verkaufen müssen, der ihn nur gekauft hatte, um sich einen Fliegenwedel daraus zu machen.
„Ach, Pinocchio", rief die Füchsin mit klagender Stimme, „hab doch Erbarmen mit zwei armen Kranken!"
„Kranken!" wiederholte der Kater.
„Gehabt euch wohl, ihr kleinen Heuchler!" antwortete Pinocchio. „Ihr habt mich schon einmal betrogen, doch das gelingt euch jetzt nicht wieder!"
„Glaub es, Pinocchio! Heute sind wir wirklich arm und unglücklich!"
„Unglücklich!" wiederholte der Kater.
„Wenn ihr arm seid, dann habt ihr es verdient! Denkt an das Sprichwort: Unrecht Gut gedeihet nicht! Gehabt euch wohl, ihr Heuchler!"
„Habt doch Mitleid mit uns!..."
„Mit uns!..."
„Gehabt euch wohl, ihr Heuchler! Denkt an das Sprichwort, das da sagt: Wie gewonnen, so zerronnen."
„Laß uns nicht im Stich!"
„Stich!" wiederholte der Kater.
„Gehabt euch wohl, ihr Heuchler! Denkt an das Sprichwort, das besagt, wer anderen den Mantel stiehlt, habe in seiner letzten Stunde nicht einmal ein Hemde an!"

Nach diesen Worten gingen Pinocchio und Geppetto ruhig weiter ihres Weges.
Als sie wieder hundert Schritte getan hatten, erblickten sie am Ende eines kleinen Fußweges inmitten der Felder eine schöne Hütte, ganz aus Stroh und mit einem Dach aus Ziegeln.
„Diese Hütte muß bewohnt sein", sagte Pinocchio, „wir wollen hingehen und anklopfen."
Sie gingen also hin und klopften an die Tür.
„Wer ist da?" fragte ein Stimmchen von drinnen.
„Wir sind ein armer Vater mit seinem Sohn, ohne Brot und ohne Dach", antwortete Pinocchio.
„Dreht den Schlüssel um, dann öffnet sich die Tür!" sagte dasselbe Stimmchen.
Pinocchio drehte den Schlüssel um, und die Tür öffnete sich.
Als sie eingetreten waren, blickten sie sich um. Sie schauten hierhin und dorthin, aber sie sahen niemanden.
„Wo ist denn der Hausherr?" fragte Pinocchio ganz verwundert.
„Hier oben bin ich!"
Vater und Sohn schauten sogleich zur Decke hoch und erblickten auf einem kleinen Balken ... die Grille, die sprechen konnte.
„Oh! Mein liebes Grillchen", sagte Pinocchio und begrüßte sie höflich.
„Jetzt nennst du mich dein liebes Grillchen, nicht wahr? Aber erinnerst du dich noch daran, wie du einmal einen Holzhammer nach mir geworfen hast, um mich aus dem Hause zu jagen?"
„Du hast recht, Grillchen! Jage auch mich hinaus, wirf auch einen Holzhammer nach mir. Aber habe Mitleid mit meinem armen Vater ..."
„Ich habe Mitleid mit dem Vater und auch mit dem Sohn, aber ich wollte dich an die grobe Art erinnern, mit der du mich behandelt hast. Ich wollte dir zeigen, daß wir in dieser Welt allen so freundlich wie möglich begegnen müssen, wenn wir wollen, daß uns in Tagen der Not die gleiche Freundlichkeit erwiesen wird."
„Du hast recht, Grillchen! Du hast nur zu recht! Und ich werde die Lehre beherzigen, die du mir erteilt hast. Aber sage mir, wie hast du es nur angestellt, dir diese schöne Hütte zu kaufen?"

„Diese Hütte hat mir gestern eine reizende Ziege geschenkt, die ein wunderschönes leuchtend blaues Fell hatte.“
„Und wo ist die kleine Ziege hingegangen?“ fragte Pinocchio mit lebhaftester Neugier.
„Ich weiß es nicht.“
„Und wann kommt sie zurück?“
„Sie kommt nie mehr zurück. Gestern ist sie ganz betrübt von hier fortgegangen. Sie meckerte traurig, als wollte sie sagen: ‚Armer Pinocchio ... Nun werde ich ihn nie mehr wiedersehen ... Der Walfisch hat ihn jetzt wohl schon ganz und gar aufgefressen! ...‘“
„Hat sie das wirklich gesagt? ... Also war sie es doch! ... Sie war es! ... Es war meine kleine liebe Fee!“ rief Pinocchio schluchzend und bitterlich weinend.
Als er so richtig von Herzen geweint hatte, trocknete er sich die Augen, bereitete ein schönes Lager aus Stroh und bettete den alten Geppetto darauf. Dann fragte er die Grille:
„Sag mir, Grillchen, wo kann ich wohl einen Becher Milch für meinen armen Vater herbekommen?“
„Drei Felder weiter von hier wohnt der Gärtner Giangio, der besitzt Kühe. Geh zu ihm, und du findest die Milch, die du suchst.“
Pinocchio lief zum Haus des Gärtners Giangio; aber der Gärtner sagte zu ihm:
„Wieviel Milch willst du denn?“
„Ich möchte einen Becher voll.“
„Ein Becher Milch kostet einen Soldo. Gib mir erst den Soldo.“
„Ich habe nicht einmal einen Centesimo“, antwortete Pinocchio ganz beschämt und traurig.
„Schlimm, mein Junge“, erwiderte der Gärtner, „wenn du nicht einmal einen Centesimo hast, habe ich nicht einmal einen Fingerhut voll Milch.“
„Dann hilft es nichts“, sagte Pinocchio und schickte sich an, fortzugehen.
„Warte doch einen Augenblick“, sagte Giangio, „wir können uns miteinander verständigen. Würdest du mir wohl helfen, die Winde zu drehen?“
„Was ist das, die Winde?“
„Das ist ein hölzernes Triebwerk, mit dem man Wasser aus dem Brunnen zieht, um das Gemüse zu begießen.“

„Ich werde es versuchen."
„Also, zieh mir hundert Eimer Wasser herauf, und ich werde dir dafür einen Becher Milch schenken."
„Einverstanden!"
Giangio führte Pinocchio in den Gemüsegarten und zeigte ihm, wie man die Winde dreht.
Pinocchio machte sich gleich an die Arbeit; aber noch ehe er die hundert Eimer Wasser heraufgezogen hatte, war er vom Kopf bis zu den Füßen ganz in Schweiß gebadet. Noch nie hatte er so schwere und anstrengende Arbeit getan.
„Bis jetzt", sagte der Gärtner, „hat mein Eselchen die Mühe gehabt, die schwere Winde zu drehen. Aber heute geht es mit dem armen Tier wohl zu Ende."
„Führt Ihr mich zu ihm? Ich möchte ihn sehen!" bat Pinocchio.
„Gern."
Als Pinocchio den Stall betrat, sah er ein schönes Eselchen auf dem Stroh liegen, ganz heruntergekommen vor Hunger und allzu vieler Arbeit. Er betrachtete es genau, und ganz erschüttert sagte er bei sich:
„Das Eselchen kenne ich doch! Das sehe ich doch heute nicht zum ersten Male!"
Er beugte sich zu ihm hinunter und fragte es in der Eselssprache:
„Wer bist du?"
Auf diese Frage schlug das sterbende Eselchen die Augen auf und stammelte in der gleichen Sprache:
„Ich ... bin ... Docht ..."
Dann schloß es die Augen und tat seinen letzten Seufzer.
„Ach, armer Docht!" sagte Pinocchio leise. Er nahm eine Handvoll Stroh und wischte sich die Tränen ab, die über sein Gesicht rollten.
„Du trauerst so um einen Esel, der dich nichts kostet?" sagte der Gärtner. „Was soll ich denn sagen, der ihn für bares Geld gekauft hat?"
„Ich will's Euch sagen, er war mein Freund! ..."
„Dein Freund?"
„Mein Schulkamerad!"
„Was?" schrie Giangio und brach in schallendes Gelächter aus. „Hattest du Esel als Schulkameraden? Man stelle sich vor, wie prächtig du gelernt haben mußt!"

Pinocchio schämte sich zu Tode und erwiderte kein Wort. Er nahm seinen Becher mit Milch, die fast noch warm war, und ging zurück in seine Hütte.
Und von diesem Tage an stand er länger als fünf Monate hindurch noch vor Morgengrauen auf, um die Winde zu drehen und so den Becher Milch zu verdienen, der dem kränklichen Vater so guttat. Doch damit begnügte er sich nicht. Mit der Zeit lernte er auch, große und kleine Körbe aus Weiden und Binsen zu flechten, und mit dem Geld, das er durch seine Arbeit verdiente, bestritt er mit großer Umsicht alle täglichen Ausgaben.
Unter vielen anderen Dingen baute er auch ganz allein einen hübschen kleinen Wagen und fuhr an schönen Tagen seinen Vater darin spazieren, damit er Luft schöpfen konnte.
In den Abendstunden übte er sich im Lesen und Schreiben. Im Nachbardorf hatte er für ein paar Centesimi ein dickes Buch gekauft, in dem das Titelblatt und das Inhaltsverzeichnis fehlten. Das benutzte er für seine Leseübungen. Was das Schreiben anbelangt, so hatte er sich einen Holzsplitter zugespitzt, der ihm als Feder dienen mußte, und da er weder Tintenfaß noch Tinte besaß, so tauchte er ihn in ein Fläschchen mit Maulbeer- und Kirschsaft.
Tatsache ist, daß es ihm durch seinen guten Willen und sein redliches Bemühen, zu arbeiten und sich vorwärtszubringen, nicht nur gelang, seinem immer kränkelnden Vater ein fast behagliches Leben zu bereiten, sondern darüber hinaus hatte er auch noch vierzig Soldi für einen neuen Anzug beiseite legen können.
Eines Morgens sagte er zu seinem Vater:
„Ich gehe zum nächsten Markt und kaufe mir ein Jäckchen, ein Mützchen und ein Paar Schuhe. Wenn ich wieder nach Hause komme“, fügte er lachend hinzu, „dann bin ich so gut gekleidet, daß Ihr mich für einen großen Herrn halten werdet!“
Er ging aus dem Haus und lief fröhlich und zufrieden davon. Da hörte er plötzlich seinen Namen rufen, und als er sich umwandte, da erblickte er eine schöne Schnecke, die aus der Hecke kroch.
„Erkennst du mich nicht?“ fragte die Schnecke.
„Ja und nein ... Ich weiß nicht ...“
„Erinnerst du dich nicht mehr an die Schnecke, die Zim-

mermädchen bei der Fee mit dem blauen Haar war? Erinnerst du dich nicht mehr daran, wie ich damals hinunterkam, um dir Licht zu machen, und wie du mit einem Fuß in der Haustür eingeklemmt warst?"

„Ich erinnere mich an alles!" rief Pinocchio. „Antworte mir schnell, schönes Schneckchen, wo hast du meine gute Fee gelassen? Was macht sie? Hat sie mir vergeben? Denkt sie noch an mich? Hat sie mich noch immer lieb? Ist sie sehr weit fort von hier? Könnte ich sie wohl besuchen?"

Auf all diese Fragen, die so überstürzt und ohne Atem zu holen herausgesprudelt wurden, antwortete die Schnecke in ihrer gewohnten Ruhe:

„Mein lieber Pinocchio, die arme Fee liegt im Spital."

„Im Spital?"

„Leider! Sie hat so viel Unglück gehabt, daß sie schwerkrank geworden ist. Sie hat nicht einmal mehr so viel, um sich ein Stückchen Brot kaufen zu können."

„Ist das wahr? ... Ach, wie traurig machst du mich! Ach, arme kleine Fee! Arme kleine Fee! Hätte ich doch eine Million! Ich würde hinlaufen und sie ihr bringen! Aber ich habe nur vierzig Soldi ... Hier sind sie; ich wollte mir gerade einen neuen Anzug kaufen. Nimm das Geld, liebe Schnecke, und bringe es gleich meiner guten Fee!"

„Und dein neuer Anzug?..."

„Was soll mir jetzt noch ein neuer Anzug? Ich würde sogar noch die paar Lumpen verkaufen, die ich am Leibe habe, wenn ich ihr damit helfen könnte! Geh, liebe Schnecke, und beeile dich! Und in zwei Tagen komm wieder hierher. Ich hoffe, daß ich dir dann noch einen Soldo geben kann. Bis jetzt habe ich für meinen Vater gearbeitet, von nun an werde ich fünf Stunden länger arbeiten, damit ich auch für meine gute Mutter sorgen kann. Leb wohl, liebe Schnecke, und in zwei Tagen erwarte ich dich!"

Die Schnecke aber lief ganz gegen ihre Gewohnheit so schnell davon wie eine Eidechse in den Hundstagen im August.

Als Pinocchio nach Hause kam, fragte ihn sein Vater:

„Und dein neuer Anzug?"

„Ich habe keinen finden können, der mir wirklich gut gepaßt hätte. Das macht nichts. Ich kaufe ihn das nächste Mal."

Statt bis zehn Uhr wie sonst blieb Pinocchio an diesem Abend über seiner Arbeit sitzen, bis es Mitternacht geschlagen hatte, und statt acht Weidenkörbe zu flechten, machte er sechzehn. Dann ging er zu Bett und schlief ein. Und während er schlief, glaubte er im Traum die Fee zu sehen. Sie war wunderschön und lächelte. Dann gab sie ihm einen Kuß und sagte zu ihm: „Brav, Pinocchio! Zum Dank für dein gutes Herz vergebe ich dir alle Streiche, die du bis heute gemacht hast. Kinder, die ihre Eltern liebevoll unterstützen, wenn Unglück und Krankheit sie heimsuchen, die verdienen immer großes Lob und herzliche Zuneigung, auch wenn sie nicht gerade Muster an Gehorsam und gutem Betragen sind. Werde ein vernünftiger Junge, dann wirst du glücklich sein."

An dieser Stelle hörte der Traum auf. Pinocchio erwachte und riß die Augen weit auf.

Und stellt euch nur seine große Verwunderung vor, als er merkte, daß er keine Holzpuppe mehr war, sondern ein richtiger Junge wie alle anderen. Er schaute um sich und erblickte statt der vertrauten Strohwände der Hütte ein schönes kleines Zimmer, das mit geschmackvoller Einfachheit eingerichtet und ausgestattet war.

Er sprang aus dem Bett und fand einen schönen neuen Anzug bereitliegen, ein neues Mützchen und ein paar Lederstiefelchen, die ihm paßten wie angegossen.

Kaum hatte er sich angekleidet, da steckte er natürlich auch gleich die Hände in die Taschen und zog ein kleines Geldbüchschen aus Elfenbein heraus, auf dem die Worte standen:

DIE FEE MIT DEM BLAUEN HAAR
ERSTATTET IHREM LIEBEN PINOCCHIO
DIE VIERZIG SOLDI ZURÜCK
UND DANKT IHM SEHR FÜR SEIN GUTES HERZ

Er öffnete das Büchschen, aber statt der vierzig kupfernen Soldi glänzten darin vierzig funkelnagelneue Goldstücke!

Darauf ging Pinocchio zum Spiegel und betrachtete sich, und er kannte sich gar nicht wieder. Der Spiegel gab nicht mehr das vertraute Bild der hölzernen Puppe zurück, sondern er sah das muntere kluge Bild eines hübschen Knaben mit kastanienbraunem Haar und blauen Augen, der ein heiteres, freundliches Gesicht machte und ganz seelenvergnügt schien.

Inmitten all dieser Wunder, die eins auf das andere folgten, wußte Pinocchio schließlich selbst nicht mehr, ob er wirklich

wach war oder ob er noch immer mit offenen Augen träumte.
„Wo ist denn mein Vater?" rief er plötzlich. Und als er ins Nebenzimmer trat, fand er dort den alten Geppetto, gesund und rüstig und in guter Laune wie früher. Er hatte sogleich sein altes Handwerk als Holzschnitzer wieder aufgenommen und war gerade dabei, einen wunderschönen Rahmen zu entwerfen, der reich mit Blattwerk, mit Blüten und kleinen Tierköpfen verziert war. „Väterchen, befriedigt meine Neugier! Sagt mir doch, woher kommt diese plötzliche Veränderung?" rief Pinocchio, fiel seinem Vater um den Hals und küßte ihn zärtlich viele Male.
„Diese plötzliche Veränderung in unserem Haus ist ganz allein dein Verdienst", sagte Geppetto.
„Warum mein Verdienst?"
„Wenn Kinder, die einmal schlimm waren, wieder brav und gut werden, dann haben sie die Kraft, um sich herum alles zu verändern und allem ein neues und heiteres Ansehen zu geben und auch in ihre Familie neue Freude hineinzutragen."
„Und der alte hölzerne Pinocchio? Wo mag der sich nur versteckt haben?"
„Da ist er!" antwortete Geppetto, und er zeigte ihm eine große Marionette, die an einem Sessel lehnte. Der Kopf war nach einer Seite verdreht, die Arme baumelten schlaff herunter. Die Beine waren übereinandergekreuzt und halb eingeknickt. Es schien wie ein Wunder, daß sie überhaupt noch aufrecht standen.
Pinocchio wandte sich um und betrachtete sie; und als er sie eine Weile betrachtet hatte, sprach er bei sich, und sein Herz war voll tiefer Freude:
„Wie komisch war ich doch als Holzpuppe, und wie glücklich bin ich nun, daß ich ein richtiger Junge geworden bin!..."

ENDE

Inhalt